Treasures for Scholars Worldwide

趙柏巖集

4

桂學文庫·廣西歷代文獻集成

潘琦　主編

广西师范大学出版社
GUANGXI NORMAL UNIVERSITY PRESS
·桂林·

潛并廬雜存

趙柏巖集
湘潭趙啟霖署檢
THE LIBRARY OF NATIONAL KWANGSI UNIVERS
CHINA
國立廣西大學圖書館

潛并廬雜存

潛并廬雜存卷一

全州趙炳麟竺垣稿

覆趙芷蓀年丈（啟霖）書

接奉手書惓惓致意於麟之宦晉愛我之切且感且泣出處之際麟亦審度再三自問有無害於義無傷於理者故敢毅然以出也古來所謂失節者第一要義在作二臣此帝制時期則然今國體共和自總統以至庶僚皆爲人民服務稱曰公僕凡謁見總統鞠躬畢分賓主而坐不揖不拜不稱臣總統任滿與平民等我身或我之子孫如有能力作總統亦分內事此固絕無所謂二臣也況天生民而立之君以爲民也故君爲民死則死之爲社稷殉則殉之今吾君猶在也吾民猶是也吾必老死空

山何爲也哉或曰今名雖共和實則假名義爭利權直羣盜竊
國耳何不避蓬蓽餐菜根爲逸民以終世而乃與羣盜分贓乎
此理極精麟亦思之繼又思非盡爲逸民可以了結者也中國
自有政治以來唐虞爲極盛其授受之詞曰天之歷數在爾躬
允執其中四海困窮天祿永終恐四海之困窮也於是由執中
之理推出執中之制卽分井授田法是也夏商周以來皆本是
理行是制至秦而井田大壞然而歷考廿四史一治一亂互相
迭更開創之君大抵知民艱苦故立法行政多從民意而天下
治及後世子孫驕奢淫佚不知民艱惟以宦官宮妾車馬衣服
是好朝廷如是內外官吏效之窮奢極慾而民不聊生樂歲終

身苦凶年不免於死亡民之强黠者遂合羣以爲亂在上者練兵以壓制之久且民無食兵無餉饑民饑兵勾結爲禍一唱百和殺人如麻兵燹所過不遺雞犬淘汰復淘汰所有晚季之貪官汚吏惡風壞俗洗蕩殆盡最後出一力較强制較善者安子遺撫瘡痍世又復治數千年來之循環如出一轍仍不外堯舜傳授數語之原理也自奕劻袁世凱當國蟬脫以至今日與堯舜相傳執中之道背馳可謂極矣民之憔悴於虐政亦可謂極矣醞釀至今先有黃巢李闖而後有清平政治必然之勢也又考中國極亂之世必有一較善之區以留蒙泉碩果如漢之河西隋之河汾五季之錢唐是也麟爲廣西人而廣西武夫橫行

伏莽徧野睹幟林立頌聲蕭然他日變亂之來未可意料欲與上海青島諸逸老租洋樓託庇蔭而麟祖產無多宦囊素乏焉敢附驥默察山西人心樸厚風俗善良其君子敬教勸學以保治安其小人安分守己以從法令近日督軍閻公兼署省長麟簡實業廳長之後有電來京歡迎聞督署參預謀略者爲趙戴文厚重有道之士也亦欲結納人才贊助閻公整理民治麟所任惟實業一事勸農桑籌煤鐵雖官猶民也昔羅昭諫爲錢武肅王屬吏不害其爲昭諫麟之赴晉亦猶昭諫之赴吳越而已此麟所以揆義理度時勢而毅然以出也抑麟尤有私計者麟有四子正當學年欲其在外就學略諳中外治理他年繼我志

述我事非可以山林隱遯終也丈知麟深而愛麟切故敢詳道其委曲湘亂正熾未知昌山猿鶴有無驚動念甚念甚臨書不盡欲言

山西實業廳成立宣言書

炳麟本粵西下士承政府不棄迂陋命來山西主持實業行政炳麟自念平生讀聖賢書亦未嘗無所抱負而遭時多蹇平日所持救國大計恒與心違際茲國勢日危天下興亡匹夫有責政府既屬炳麟以山西實業一局部之事何敢固辭以負期望乎炳麟自前清以來即以實業爲救國第一要事惟炳麟所謂實業者非謂由國家辦一二工廠及試驗場敷衍門面即可以救國必如孟子所言農桑畜牧使匹夫匹婦人人有辦實業之知識能力地無棄土人無游民然後生計自足人心自厚稅率自增百姓足國孰與不足此萬古不易之理即所謂社會實業

是也社會實業能發達國民經濟自饒裕炳麟本平日提倡社會實業之素志擬試行於山西者略有四端

一曰農林　往古之世森林蓊鬱地廣人稀少水旱之大災無外界之刺激民皆渾渾穆穆不識不知日出而作日入而息鑿井而飲耕田而食固少饑饉荐臻之患也晚近以來森林鬯茂之地爲樵夫牧者所摧殘殆盡涵養水源調和雨量之作用均失其功河流因之淤塞氣候因之不調低下者洪水爲災高出者荒旱致患肥沃膏腴之地悉化荒凉磽瘠之區加之人口日增生產日寡向之匹夫受田百畝各自經營者不得不集合公司以謀生產但經事者多墨守繩法視事太輕無農業經濟之

眼光無農場經理之才幹稍有損失便皆相率輟辦不事經營繼之者復以爲借鑒前車不敢再爲着手以致農民生計日艱國家稅率日減曠觀我國到處皆然如不速籌挽救之方其弊有不堪設想者挽救之法維何則亟宜保護現在之農桑以治其標提倡將來之墾植以固其本標本兼治庶有豸乎晉省素重農桑即以農地而論有五十餘萬頃之多但其經理之法多聽天命不事改良雨少則傍山之區悉被枯槁雨多則沿河之地時遭淹沒使能振興水利疏河濬渠或挖池鑿井當可補救其天然之災患聞晉北水利公司上自黎大總統下至晉省商民合股提倡成績頗著將來推而廣之則荒磽鹵瘠之地無難

立化膏腴此宜保護而擴充之者也晉省官民荒地共二百二十餘萬畝而遍地童山不植寸木地廢可惜民惰足矜如力求森林則地方可以收保安之效裕生產之源人民可以無失業之憂免饑餒之苦此宜勸導而提倡之者也炳麟蒞任伊始關於一切農桑墾植計劃現正着手調查俟將來再行宣佈至言種植炳麟尚有亟欲與諸君研究者則振興棉業是也晉省地居溫帶之稍北部氣候適宜當在棉業北帶之範圍且棉花產額極豐運輸極便而需要浩大時覺求過於供果能銳意講求則其利固甚溥也總之東隅之失已成過去之曇花桑榆之收尚望將來之結果願與諸君子共勉者此其一

一日礦務　晉省礦產之富著於全球具富庶之資格而呈貧困之現象者由蘊藏於地未能因而利之也（炳麟）以爲裕國利民之計固在注重礦務而礦務之中尤在注重煤鐵礦業發展因時勢爲變遷從前咸趨重於貴重金屬自歐戰發生以後各國需索煤鐵用過於供目下易其趨向以注重煤鐵山西煤鐵頗富苟此時實心舉辦不獨可以供自己之需用并可應他國之貿易因其利而利之獲利誠可倍蓰也然欲舉辦此種礦業非開採得法冶煉得宜審查外情統一銷場亦甚難於收效查晉省平定晉城潞安大同懷仁各縣煤鐵暴露山野間遍地皆是人民從事開採者固屬不少然多墨守舊法採取礦量每日

或多或少既無統計之可言又未能深採致寶藏於地不能盡行利用礦業未能發達人民貧苦如故此可爲太息者也至於冶鐵之事山西平盂潞澤等處鐵廠亦多但閒泥守土法未能稍事改良嘗考鐵鑛成分約在百分之五十以上實與大冶鐵鑛成分相等大冶以西法煉之兩噸之礦可得生鐵一噸山西大約三噸礦可得生鐵一噸且渣滓極多不適製鋼今若改用西法不惟資本太鉅且需時亦過久炳麟觀湖南寶慶安化等處冶鐵亦用土法特煉爐較山西爲大又可以土法製鋼足應湘桂之用如能招湘省工匠來晉互相研究參以西人冶金之法似改良尚易此炳麟欲急爲試辦者也又歐戰期內需鐵浩

緊鐵價陡漲晉人往往不識外情稍可銷售即訂約發賣其實收買此項鐵業者皆他國小資本家乘此爲投機商業獲利十倍以吾民辛苦所出之土貨爲他人乘機弋利之物品豈不可惜以後銷售鐵品擬會同官商妥訂章程統一銷場使利不外溢此炳麟欲急爲補救者也他如天鎮銀鑛成分亦良辦理得法當可與湖南水口山銀礦相頡頏炳麟擬從整頓鑛業入手在此數年內得有餘利即可發展他項礦務願與諸君子共勉者此又其一

一曰畜牧　畜牧一事爲古來所注重詩曰三百維羣九十其犉孟子曰五母雞二母彘無失其時則老者足以食肉此畜牧

宜重之說也至於東周之陶朱漢武之卜式當時均以善牧牛羊致富與貴而垂令名於後世何况居今日競爭之世界而對於舉辦甚易收效甚速之畜牧安可不講求之乎晉省地居溫帶之北氣候亦不極寒若擇其地之有水草者闢為畜牧之場休養生息皆以其時則性不畏寒之牛羊駝馬孳生蕃庶有必然者雁代以北接壤蒙古最宜畜牧故其牛羊駝馬皮革羽毛之饒闐駢充牣行銷於省外而獲利無窮此近人無不知之者也炳麟職司實業於畜牧一項不敢漠然昨閱報載陽城縣知事擬購美利奴牡羊多頭以期改良羊種推廣全境即以南區析城山闢為試辦牧場其山縱横四十餘里小樹叢生土質肥

沃於牧場之佈置甚爲相宜炳麟對於該縣此舉極爲嘉悅並願全省人民效而行之則國民之幸也願與諸君子共勉者此又其一

一曰商務　晉人素以經商著名凡內外蒙古及新疆伊犂等處多有晉人經營商業之地至匯兌一事晉人尤握全國金融之大權歷數百年有條不紊綜計商務歲入不下二千餘萬近年以來商務凋零不徒匯兌一事失其利權即他項商業亦日落千丈倘不早圖挽救關係晉省生計良非淺鮮炳麟在京時聞政府言及勸業銀行之組織炳麟曾宣言曰此事惟山西舉辦甚易蓋晉人經驗較富於他省也炳麟在宣統間回桂辦理

實業其時廣西銀行方創辦所恃資本僅桂全鐵路銀三百萬兩賴晉人王靜夫爲總經理苦心維持以至於今所有廣西軍餉俸給皆以銀行擔任王靜夫組織各處支行悉用舊日票號辦法而參以銀行條例故毫無失敗也炳麟擬妥商政府在晉組織勸業銀行冀恢復晉人從前之生計他項商務則俟土貨日槩貿易自增願與諸君子共勉者此又其一他如磁業蠶業近年以長官之提倡閒日起有功炳麟雖無學問幸得閻督軍注重實業指示於上各同僚熟悉晉省情形者和衷共事炳麟得所規隨山西人心樸厚有陶唐氏之遺風他日或能發達社會實業擴充國民經濟亦在意中茲當本廳成立之始略述

鄙見如此惟我三晉父老實共圖之

宗聖社演說詞

此次鄙人承乏來晉辱蒙諸君子不棄相邀蒞會榮幸奚似鄙人學識膚淺又復拙於言辭未能發明聖道至深歉仄慨自歐風東漸舊學凌夷世道衰微人心陷落我夫子之道不行於世也久矣曩者國會同人制定憲法急進之徒甚欲屏除孔道於國教之外鄙人斤斤以維持聖教爲職志調和於各派之間卒至憲法三讀多數通過尊崇孔子區區之心竊以爲人心未死今諸君倡言宗聖正與鄙人素志相同開會以來濟濟蹌蹌皆極一時之彥於聖道之旨趣自無煩鄙人之贅言然聖道至大茫無涯涘賢如子貢未得其門其餘無足論矣今以簡單言之

而最切中時弊者則曰主忠信何以言之聖賢之學首重克己待人接物本以至誠故三代而下直道可行叔季之世詭詐百出人倫之內習爲欺虞愛國之心幾至澌滅權利所在不顧朋友不顧人民陰賊險狠社會上遂成爲一種不可思議之世界其有天性未漓正以持己者則人將目之爲迂不容於文明進化之世而浮華流躁之輩反得以售其欺騗至道德淪亡國家終隨之以盡則不忠於國實甚故今日挽救人心之良劑莫如忠之一字何言乎信人生斯世斷不能孑然而獨立社會往來必有一定之規則故子貢問政無信不立晚近以來已無信義之可言煌煌典章朝令夕改誓書盟約權術相尙流風所播舉

國皆然以虛僞爲美才以巧給爲能事窮其弊不至人道滅絕不止則維持世道又當以立信爲急務也無論爲聖賢爲豪傑一以忠信爲主則無事不可做到所謂欲明明德於天下者必先治其國欲治其國者必先齊其家欲齊其家者必先修其身欲修其身者必先正其心欲正其心者必先誠其意正心誠意卽忠信之說也況國家之鞏固由於人民之團結舍忠與信必失團結之精神而國奚以立爾詐我虞得非世道人心之懼乎祝子有云世界原自缺陷人心原自圓滿吾人當以圓滿之人心圓滿缺陷之世界不當以缺陷之世界缺陷圓滿之人心精理名言誠足以發揮忠信之蘊維持聖道無過於此願與諸君

共勉之

洗心社演說詞

今日鄙人擬將易經明夷之義略爲演說夫易理精奧以孔子之聖尙云五十以學鄙人才疏學淺何敢言易但吾輩讀書必有眞性情而後有眞學問有眞學問而後有眞經濟經濟學問必由磨鍊而成所謂不經盤根錯節無以別利器也試卽周易地火明夷言之夷者傷也明何以傷以地在上火在下火入於地明不能見故傷然而利艱貞人能於艱難困苦之時貞固以自晦其明則其智必有大過人者故內文明而外柔順以蒙大難文王以之內難而能正其志箕子以之文王箕子遭紂之亂明夷極矣而卒能脫囚以興周邦陳疇以存殷祀非所謂用晦

而明乎即以孔子之聖而微服過宋絕粮在陳孟子之賢而濡滯齊梁遭逢楊墨而其道皆能與日月並明處明夷而不爲明夷所損此君子之道所以闇然而日章也他如勾踐臥薪以沼吳伍員吹簫以覆楚何一非善處明夷而能成其志乎孟子曰天降大任於是人也必先苦其心志勞其筋骨餓其體膚空乏其身行拂亂其所爲所以動心忍性曾益其所不能諸葛武侯苟全性命於亂世不求聞達於諸侯皆深於明夷之道而利其艱貞也吾輩處今日大道不明正如火在地中此明夷之象惟吾人當思一息尚存衛道之責即一日不容旁貸有此願力聖道必能晦而終明此即利艱貞之義也即如山西從前有一典

型如文中子王通處隋之季世倫常綱紀破壞殆盡文中子在河汾講學收羅一般英才如房玄齡杜如晦李靖之類皆命世才一旦李世民起兵太原輔之重整河山使大道晦而復明此即善處明夷之模範也今日吾道陵夷極矣然三晉父老團結堅固猶有勤儉樸厚之遺風將來必有房謀杜斷之才起而明道以救世此炳麟願與諸同志共勉者也

洗心社演說詞

今日鄙人擬將中庸第二十二章略爲說明是章經文曰（唯天下至誠爲能盡其性能盡其性則能盡人之性能盡人之性則能盡物之性能盡物之性則可以贊天地之化育可以贊天地之化育則可以與天地參矣）是章書言贊參天地必以盡其性爲起點朱子註盡性云者謂知之無不明處之無不當鄙人以爲人生世上必將私欲克去方能廓然大公無人相我相由公生明光被四表推己及人推人及物人物皆得其所則國治而天下平化干戈爲禮樂變災異爲禎祥其效實與天地生生之理相合故曰贊天地之化育可以與天地參也大學言治

國平天下先從誠意起亦與此章言贊參天地先從盡性起同一義也故上章言凡爲天下國家有九經所以行之者一也一者誠也九經者修身也尊賢也親親也敬大臣也體羣臣也子庶民也來百工也柔遠人也懷諸侯也凡此九者皆治國平天下之事實非誠則不能見效者也歷觀我中國數千年來或分或合一治一亂無不以誠不誠爲致此之界綫而已大抵世之將治也操政柄者大公無私舉賢不避仇讐罰罪不徇親貴人民歸之如水就下久之則合併宇宙統一華夏兵革不興民物康阜此無他盡其性以推之於人物也及其將亂也操政柄者欲鞏固一己之權位祇知擴張私人之勢力舉者不必賢罰者

非其罪諉所謂我所好者爲好人我所惡者爲惡人是也久之人懷異志弱者怨之於心强者抗之以力天下紛爭羣雄割據互相侵略殺人如麻此無他不能盡性故不能推之於人物也人性物性皆同己性人物之性不盡卽一己之性不盡故孔子曰有一言而可以終身行之者其恕乎己所不欲勿施於人昔中國當據亂之世分南北朝殺人盈野天地好生之德傷盡矣紛爭數百年至隋末而天下不定其時山西出一異人李世民平治天下幕府舊人有求權利者太宗曰朕昔爲藩王爾輩皆藩臣故偏用爾輩今爲天下主天下人才皆朕用也豈可私於一系乎觀此一事可見唐太宗之合併南北者皆由推己及人

大公無我之一念來也我輩可不留意於此乎

洗心社演說詞

上來復期崔文徵先生在留日預備學校領省講迷信二字甚有至理古來大聖大賢驚天動地事業皆迷信之至篤者迷信篤而心志始專成敗利鈍皆所不計事業從而出焉不過先有精密之抉擇審天命而不趨利途方爲眞迷信惟精惟一之心傳亦謂擇之精而守之一允執厥中中卽合理之謂審擇旣定而一以執之宗教卽含有此性質孔教墨教佛教耶教其致一也如道也者不可須臾離也造次必於是顚沛必於是無終食之間違仁信之堅迷之深此孔子之迷信文文山之孔曰成仁孟曰取義讀聖賢書所學何事所重有甚於死者故殺身成仁

舍生取義迷信孔教者能之墨子之摩頂放踵苟利天下爲之兼愛之迷信可謂篤矣其徒之殉難七十人甘刀鋸赴鼎鑊死而不悔迷信墨教者能之佛氏之頓漸了悟空而非空支解其體以飼飢鷹後世學佛者類能貫徹其主旨等軀殼如泡影迷信佛教者能之耶穌身殉大十字架代世人贖罪耶教信徒駢戮赤族以死道者數見不鮮迷信耶教者能之社會人類惟慮成敗計利鈍禍福得失之念縈紆胸次自以爲絕頂聰明者決無成就之可言私念輕則道心重理固然也見利必趨見禍必避此等人若授以官則政必不舉假以兵柄則亂必不戢無所不爲至不可收拾而後已世界之將治也必有大豪傑者出而

作事迷信天理甚篤一切非所顧慮必能掃除虛僞而人心風俗爲之一變人生衣食住爲三大要素取給而已若必綺麗甘肥華膴而始相安奢侈之習中人既深則宮室妻妾珠玉玩好之惑志益甚身家之累重性命之眞已汨滅無遺安望其有事業之可言必也富貴不能淫貧賤不能移威武不能屈始足當有爲之豪傑必內有所守而外無所動幼之所學長而能行窮則獨善其身達則兼善天下萬古不滅之至理絕不肯以百年有盡之生命而輕易兌換此理確當不易以經史證之而益信迷信二字有之必治無之必亂君子小人消長之機在斯希賢希聖之途徑亦在斯也

山西第一次實業展覽會開會演說詞

今日開實業展覽會承各界歡臨鄙人非常之忻幸此次開會之意在促進實業之進行尤在促進社會實業之進行蓋孔子所望之政治是大同政治故孔子所論之實業亦是社會實業何以言之孔子曰大同之世貨惡其棄於地也不必藏於己力惡其不出於身也不必爲己這四句話是孔子說大同之精理卽爲社會實業之淵源惡貨之棄於地必大興農工商礦之事盡其地力以供世界之用而不必藏於一己則天下之財至本而無所爭矣世界皆人力所造成游民多則進化必滯苟有爲己之心貨財聚于一身驕奢淫佚以供一身之大欲爭亂必從

此起大同之道行盡己性以盡人性盡物性使一人有一人之用一物有一物之用不辜負人不辜負物各盡其性自効於世設有力不出於身而坐食其成者則自惡爲廢人有負天職故皆踴躍赴功視世界內之事皆吾性分內之事同心同力開拓地力則人力既平地力亦平爭亂自止兵革自息此大同政治所以必須社會實業發達也孟子爲孔子之私淑弟子遨遊齊梁間所說政治皆是農林畜牧此亦欲以社會實業達到大同政治之目的也現在山西行用民政治注重教育實業年來進步甚速鄙人核其成績爲種樹一事自　兼省長提倡人各一株之辦法各屬實力奉行人民熱心種植上年全省植樹有九

百六十餘萬株成活十之七八業經列表呈奉兼省長農商部指令嘉獎此外東山政界公林共植樹二萬六千餘株成活二萬三百株幾居十成之八九而各縣士紳或自闢林場或共立公會漸知以林業爲急務行見十年之後材木不可勝用耳苗圃一項爲逐年植樹之基礎統計上年晉省各縣所設之官村苗圃數將逾萬多培生利樹苗以備移植之用迭據各知事委員報告情形按照　兼省長考核苗圃規則詳加核閱成績優良者尚不乏人所望各官民勤於培養助苗生長庶效果易收也植棉一項晉南土壤最爲相宜中區次之北區又次之　兼省長興辦棉業曾經頒發布告通令各縣列表報核於臨汾設立棉業

試驗場藉資模範并發給中北區棉戶賞洋爲之奬勸現各屬送呈棉桃式樣頗有可觀今復奉到農商部推廣美棉辦法擬即積極進行三晉棉利可期普及蠶桑一項省垣設有蠶桑總局各縣均設分局近來省內又設有蠶業工廠省外則多設蠶桑傳習所凡種桑養蠶作繭繅絲等事　兼省長悉心籌畫纖微畢備並將各知事辦理蠶桑成績分別記功記過察核各屬現出繭絲各件其中不乏佳品此後精益求精再加以婦女學習畢業從事於茲絲織之利直將與南省媲美矣牧畜一項晉地宜於牧羊而養鷄亦爲大宗　兼省長勸辦牧畜事業明定章程設立南北種羊牧場購美利奴種羊以資改良頒布養鷄

法發育是以人民籌備廠所晝闢牧地逐漸增多從此碩大蕃滋所謂問庶人之富數畜以對者拭目俟之此農林牧畜各項之進步也又礦務一項晉省礦產豐富而久未發達者厥有四端一人才缺乏二提倡未周三資本短少四交通不便四者之中受交通不便之累爲最鉅區域之內多山產煤鐵金銀銅鉛硫等礦與英倫三島相似英倫鐵路遍國內航綫達國外所採各種礦務製造機器及利用物品遂致富甲全球推原其故實因礦產與路航之互相爲用吾山西卽將來之英倫大同懷仁左雲渾源鄉甯之煤平孟壽昔晉城之煤鐵聞喜之銅甯武之鐵久已昭著姑勿論閉關時代禁止開採前清末季定有礦章

而人民未知利益開辦者蓋未之聞自民國三年政府頒布礦業條例設有專受官署商民知開礦爲利益所在始有呈請註册立案者積至六年呈請給照計有十八家礦區面積計六十餘方里本廳自六年冬成立接管此種礦務從七年至今呈准註册者三十二家礦區面積約計二百十三方里已呈請而尚在審查中者有一百餘家礦區面積約計一百一十方里平均計算民國七年分較民國三四五六等年註册之戶多至兩倍其請領礦區之面積則在三倍以上此何故歟人民辦礦知識漸開而大同支路平定幹路交通便利故也近聞澤清鐵路行將開辦同成軌道亦已動議果能實行則澤屬之煤鐵聞喜之

銅亦將維大同平定之煤鐵而興起交通既便投資者不患無人現在大學堂礦務有專科加之育才館亦研究此種專門之學人才自不患缺乏鄙人對於礦務專責攸歸亦曷敢不竭力提倡以副三晉人士之期望哉又工商一項全省各縣商會由本廳呈部核准業經頒發鈐記者六十九縣其餘岢嵐縣嵐縣興縣汾陽平遙石樓方山離石長治屯留襄垣潞城黎城壺關沁水遼縣榆社武鄉盂縣吉縣鄉甯永濟榮河夏縣平陸芮城新絳河津稷山絳縣垣曲霍縣靈石趙城蒲縣大甯等三十六縣或由本廳呈請核辦或指令更正章册補送鈐記費仍積極進行賡續辦理擬俟辦理完竣再令催各縣設立工商同業公

會以促助工商業改良進步而期國民經濟之發展至安邑興業錢局忻縣新興勸工廠崞縣廣濟水利繁峙富城水利甯武汾源水利懷仁濟民水利太原普濟水利夏縣牧畜稷山稷酒晉源鑿井等各公司或經呈部核辦發給執照或指令遵章修正復擬編一商業公司各種簡明註册手續通令各縣俾便遵辦此近來工商發展之概略也綜以上各項觀之山西實業正如旭日方升蒸蒸日上他日社會進化無曠土無游民之盛使孔孟當時理想中之大同政治實現吾國豈不懿歟願共勉之

實業講義 爲育才館諸生

我在山西來辦實業最希望者是社會實業使普通一班人都有飯吃但是權輕力薄未能貫澈幸
督軍兼省長抱此志提倡於上其賢達如趙次隴崔文徵諸君亦以此義輔助之是以山西處四方鼙鼓之時尙能安居樂業與諸生講求此志昔孔子嘗有志於大同之治其爲大同之根本者曰貨惡其棄于地也不必藏於己力惡其不出於身也不必爲己葢必如是而後老有終壯有用幼有長矜寡孤獨廢疾有養方可以成大同之治孟子一生言仁政至再至四總不離農桑畜牧其告齊宣王以保民而王保民之本則又在制民之

産使之均平仰足事父母俯足畜妻子樂歲終身飽凶年免於死亡然從加之教育民無不從所謂制産之法何在於告滕文公見之卽井田之法是也故曰仁政必自經界始經界不正井地不均穀祿不平此致亂之根也井田之法以民爲本位一夫成年後上自父母下至妻子多則八口少則五口皆授以百畝之田使爲事畜之資如有未成年之子弟至十六歲亦授田二十五畝俟壯有室後仍授百畝此外爲仕爲兵皆有祿田軍賦以養之別無所謂俸與餉也故無極富之人亦無極貧之人其鰥寡孤獨不能耕種者國家又特別養畜之使遂其生如是財産方能均平然從設爲庠序以教之則教育亦無不均平此大

學之所以稱平天下爲止至善之道也蓋人之初生在遠古之
世穴居野處社會之組織尚未成立人人各自捕獲禽獸魚鼈
或採取草根木實以爲食無所謂特有財產之觀念舉凡各自
以其所長與土地之生產相爲交換分業以相通其有無者均
未之知渾渾噩噩生存於世而絕無團結之力夫既未完成社
會之體裁則人民之生活程度極形簡單固尚在經濟範圍之
外至堯舜以後人口漸增欲望亦隨而發生故由個人而集成
社會勢必生交換之需要互以長短相爲補助有無相通亦自
然之理勢然人之欲望變動無常愈出愈奢不可限量因人下
層之欲望滿足復生高層之欲望故人類感覺嗜好之發動苟

一缺乏卽生困苦之現象欲排除此種困苦勢必求一救濟之法以遂其生而節其慾夫人之欲望約分三種一生活欲望一便宜欲望一奢侈欲望其中生活必要之欲望占第一級先充此欲望然後始生便宜欲望便宜欲望旣滿則奢侈欲望漸萌所以人類由蔬食布衣而後肉食車馬漸至揮金如土驕奢淫佚無所不用其極然人人欲達此種目的勢必至强侵弱衆暴寡以達其本身及後世子孫最高之欲望古聖人憂之於生活必要之欲望務有以給之於奢侈無窮之欲望務有以節之於是分田制祿皆有定制逾者有誅惰者有罰此天下之所以平也雖然古人制產之法至春秋時諸侯惡其害已已盡去其籍

更何論於後世之擾亂時代去古愈遠財產愈不平財產不平一切事業皆不平矣所以中國數千年來之歷史其開創之主多起自田間尙知民隱政治合乎古人保民之遺意而其世遂趨於治迨其末世上自元首下至百官皆聚財以達其奢侈之欲望而使民無以聊生老弱轉於溝壑少壯流爲盜賊握政權者又練兵以抵制之卒之四海困窮飢民飢兵相結爲亂殺人如麻將一切縱慾制度摧蕩殆盡淘汰復淘汰又出一英明之人以爲生民主我看廿四史無論何朝循環皆同一軌道不可易也我在前清時見民生甚艱而一班王公大臣好貨財縱嗜慾全不念古人保民之意我嘗上一興亡彙鑑發明此意並請

嚴法以戮貪黷之大臣將康熙時所斬墨吏百餘人開單以爲模範一面請講求農林開墾荒地廣籌平民生計不圖寸效毫無世運之推遷至今日民生之艱難更百倍於昔日財產之不平亦百倍於昔日現幸寄迹山西自　兼省長以下皆殷殷以厚民生爲先務冀使平民經濟豐足則國家經濟自充且盈而欲達此計畫非由振興社會寔業入手不爲功就山西一省而論煤炭一種開取得法可供全球二千年之用其富裕可知再加以農工商業事事振興何患不臻大同之盛是以我甚望一班人民皆急起直追合羣策羣力以求社會之富强要追念我中國自洪水以後堯舜聖人擇山西較高之地建都立國施行

政治至夏而定授田之法爲萬世社會學說所莫能外若我輩後人以此意行之於農林路礦豈古今人遂不相及乎我這意思盼望諸生書紳不忘百折不回以挽近世之惡習而光大先人之盛業也

社會卄業講義一

富國裕民之道要不外開源與節流吾晉今日財政狀況雖未十分枯竭然以社會情形觀之公私交困已經畢露救濟之方惟有興辦實業此事盡人而知顧實業事項範圍最廣如農林蠶桑牧畜水利工商諸大端鄙人擬定類別分期講解茲今所研究者則爲卄業一部夫卄業一部概分三類一爲國家卄業一爲資本家卄業一爲社會卄業名稱既異性質自不同而其效果利益之歸宿處亦各自有別就晉省之現勢晉民之趨向統而論之固以興辦卄業爲要圖而尤以興辦社會卄業爲維一之目的社會卄業者何蓋以興辦卄業所得之效益不使盡

爲國家所專有亦不使槪爲資本家所獨得終以社會流通之錢財仍還歸於社會也社會者何皆由羣衆集合而成變爲具體之團結分立門類以各逞其機能者也凡一社會之發榮滋長皆視乎分子力之强健以爲衡所謂分子力之强健者卽各個分子皆具有獨立之性質而能自利以利他於是相維相繫而社會之機體完備矣社會之機體既已完備要必有勞來匡直輔翼之良法方能收使自得之之效果興辦社會卄業卽使一般人民勞動於卄業界而以卄業爲畢生生活之底基父母妻子皆藉以事畜則晉省之社會卄業可望發達民國四年七月中央公佈小卄業暫行條例雖屬限制大卄商之壟斷實係

維持小卝商之生計亦卽寓提倡社會卝業之深意也鄙人本斯旨與諸生研究正望諸生畢業後實力倡辦使三晉卝業全部開採養成社會人民生存之依賴品不惟晉人均享其福利鄙人亦覺有榮幸也此鄙人提倡社會卝業之宗旨願諸生三復是言也可

社會礦業講義二

我國自秦漢以來礦人失賤久無專書以致漫無可考歷唐宋元明清五朝對於全國礦業既無精確調查即無實事開採晚清以來歐風東播開礦之說遍傳全國清代亦不過僅立礦章准人領採對於全國之礦產情形仍茫然未知改革以後中央設立礦務行政機關復派中外大學礦學專科畢業諸君實地查勘各爲著述如中國礦產誌略地質彙報地層測量術福建礦務誌略山西礦務誌略吉林礦務誌略最近滿洲礦產物概況南滿洲地質豫測圖說明書南滿地質略圖地學雜誌鐵世界湖南礦務雜誌地質研究會年刊均經刊印成帙其他關於

卝產書籍表册如農商公報勸業公報及各省實業公報亦均分別編載洵爲辦理全國社會卝業之基礎就上列各卝學家所著各種書册觀之中國卝業之豐富無地無之近十餘年來各省公私開採者頗不乏人然成效頗著卓然可觀者僅十餘區如湖北大冶之鐵湖南水口山之鉛及新化之銻雲南之銅及個舊之錫河南六河溝焦作直隸井陘開平臨城山東嶧縣中興公司奉天本溪湖撫順山西保晉之煤各具規模頗收實利然多係中外合辦至於鍊廠則僅有漢陽鐵廠山西保晉鐵廠湖南華昌鍊銻廠而已然漢陽鐵廠亦含有外人股份總之上述各廠在中國維係有名礦廠其產出之利益亦不外分歸

兩類(一)資本家(二)勞動家就利益之歸宿處與鄙人提倡全國卝業之主旨律之究有未合

夫國內卝產徵之於卝學專家所著卝產各書吾人益恍然有所警惕以爲上天恩惠乎吾人者特豐而吾人所不及知者豈僅乎此惟此大地所蘊蓄之寶藏即經濟立國之生機亦即人民生存之命根果將遍地卝產開採自我實在益利宣告有衆使全國社會人民之耳目由此發皇人民之志趣從此鼓勵俾知吾國素稱地大物博者概在乎此人人克享其天惠則必愛國之心油然以生企業之念相繼而起積此一心一念之所赴由一身而傳乎一鄉由一鄉而達乎一省由一省而周乎全國

始乎利益之感動終收事功之普及社會卝業之發展皆賴乎此

西人有恒言曰天壤間可絕對爲生利者唯出乎地腹之礦產耳一國中可指爲絕對生利者唯以國際貿易而取贏耳誠哉斯言吾國今日民生凋敝國計窮蹙生利一途何所適從如欲僅以國際貿易而取贏乎則舉全國日用之所需者如各種物品悉取諸外邦輸入超過漏巵日多不數年間國幣溢出將與今日外債齊其額則此一事近十年內絕無可冀而猶侈言者愚且妄也無已則求其可以絕對生利者惟有集全國人民之力開採全國之卝產所得之利益悉歸於社會使人人知開闢

丱產與社會上有絕大利益之關係則全國人民均以丱產爲衣食之源而資他日財賦之取求則全國社會丱業之發達有不期然而然者矣

祝來復報發刊

來復報何自昉乎吾洗心社同人共組之也洗心社何自昉乎人之一身猶三軍也手足四肢則偏裨之士而已若夫司專閫之令備干城之任者則在一心無論爲聖賢爲盜跖祗在此一念之交戰天理勝則爲聖賢人欲勝則爲盜跖天君泰然然後百體從令此洗心社所由發也慨自世局變遷大道墮落棄禮義如桎梏假權術爲利器不顧民生不顧公理昔人云哀莫大於心死良可慨矣晉中賢達憂之立洗心社冀洗滌後染之濁垢而發見本來之天良炳麟適以襄辦實業來晉得與諸君子相周旋於來復日講演正心誠意之學督座亦止戈講藝息馬

論道竊嘆時勢至今日而能以有本之治治國者其在斯乎其在斯乎昔漢末天下大亂而竇融世宦河西知其土俗政尙寛大上下相親晏然富殖修明禮教卒爲東漢中興之助隋末人道幾絕而王通講學河汾英才樂育卒能儲蓄將相輔唐太宗以革故鼎新况今國體共和人人有撥亂反正之責善吾身以善天下豈異人任乎同人於春間刋發來復報時余適以事赴北京未致祝詞回晉閱報內所載大都保民政策及淑世淑身之道名以來復者示人克己復禮日新不已之義也爰補詞以祝之曰

天生蒸民良能良知道苟頹喪世乃陵夷茫茫九州知此者寡

憂世有人洗心集社爰奮麟筆振聵覺聾報名來復日新無窮
玉簡珠篇蒐羅宏富紹聖薪傳風行當路道之不墜文化斯開
溫故知新同志勗哉

山西省議會臨時會祝詞

今日爲貴議會臨時會開始之期炳麟躬逢盛典得與諸君子相見於一堂榮幸奚似炳麟不敏何敢以諛詞進然以議會爲人民代表上下古今洞觀中外小之爲一省謀利益大之爲一國增幸福進而爲歷史上添無上之光彩其高尚爲何如也是則炳麟所希望於貴議會者厥有二端請縷言之中國今日之現象禍亂相尋迄無甯日中央之號令不行各省之分裂日亟以視當日之美國十三州各自爲政情况正同然美脫英羈絆後各州雖相繼獨立互相猜忌幸組織一所謂費拉德爾費亞會議者各舉代表製成各州之法典維持各州之秩序迄費拉

特爾費亞憲法告竣一變而爲統一絕有力之共和政府是費拉德爾費亞會議者美國再造之功臣也今我國用兵亦數稔矣人民望治之心有如望歲此正國家統一之好機會炳麟以爲貴議會當聯合各省區議會組織一鞏固之團體策進和平促成憲法以奠國家統一之基礎如美國之所謂費拉德爾費亞會議者其在全國歷史上之光榮爲何如乎不特此也世界潮流漸趨於社會主義一國之中社會教育實業不得其平則其國無論文野必至變亂不止今西伯利亞之過激派暴戾恣睢幾亡俄國此過激派者多數黨也無產業者多數則仇殺有產業者無知識者多數則仇殺有知識者揭竿一呼充塞路隅

雖盡塡溝壑亦所不惜亦可哀矣我國教育實業必預先社會
劑其平始可免此惡潮流之輸入山西自兼省長注重義務教
育尅期計功他日一般社會當可受教育之益化乖戾爲祥和
至實業一途山西注重農林畜牧此正孔孟所主張之社會實
業山西煤鐵礦產尤爲豐厚倘能發達安揷游民尤多所慮資
本不充交通不便無以貫徹耳諸君子皆社會上之優秀人才
如何謀資本之充裕籌交通之發展使山西一切實業逐漸擴
張以裕社會之生計必能熟思審慮以策進行其在地方歷史
上之光榮爲何如乎以上二端就管見所及一陳梗概其他國
計民生之所關則諸君子固已籌之屢矣倘進而教之是炳麟

之所樂聞也嗟乎禹迹茫茫舉目有河山之異歐風烈烈驚心聞潮汐之來聊貢芻言應自慚乎下走發揮偉論是所望於羣公

上馮總統段總理請赦免張勳書

爲請特赦張勳以昭公道而惜人才事近月以來因洪憲帝制及復辟獲譴者皆經特赦恢復自由惟張勳一人獨不與赦麟愚竊以爲不平矣張勳有應特赦者三請瀝陳之昔英國自克靈威爾推倒帝政建造共和而國中黨派紛歧競爭不息干戈屢起三島幾亡英之愛國武人乃復王室虛號以免權位之爭重議院內閣以收立憲之效於是轉亡爲存闢地萬里我國近數年來權位之爭較英尤甚名爲民國其實生靈塗炭率獸食人民之福利安在國之治平安在長此泯棼謂中國不亡無是理也張勳欲救中國之亡因以英國爲先則是其愛國之心切

可特赦者一也張勳少在邊關以武勇著長爲專閫尤立戰功每義所應爲輒不顧妻子不戀室家出入槍林彈雨視死如歸此王保保一流人明太祖所稱爲第一流人格眞天下奇男子是其戰鬬之才雄可特赦者二也張勳平日待南北同袍皆以誠意炳麟於民國五年謁 大總統於江甯軍署 大總統稱其血性過人嗣因張勳徐州集議炳麟在國會質問武人干政
總理親自答覆謂張勳等顧全大局條陳意見并非干政是其忠義憤激早爲
總統總理所洞鑒近日張勳雖在亡命之中而各省區呈請特赦者準情度理萬衆一詞是其袍澤之誼篤可特赦者三也或謂赦

免張勳恐碍外交麟竊以爲不然張勳此次並非爲外交獲譴萬國咸知至於我國內政如何解决我國自有主權外人决無干涉之餘地此固無足慮者也或又謂國內戰事未息恐啟西南口實麟亦以爲不然去年陸榮廷來京欣然謂麟曰余此次北來第一快心之事得一眞豪傑爲良友麟問何人陸曰張勳也是其人久爲西南所佩服此亦無足慮者也總之總統總理既將獲譴諸人赦免自應一律普及無所偏倚方足以昭示大公麟激於血誠敬陳芻見務乞鑒核施行無任翹企之至謹呈七年六月一日發

與譚月波督軍書

月波督軍鈞鑒昨奉覆札殷殷以提倡棉業爲務足見獎進實業注重民生爲國家闢富强之源爲桑梓興土地之利藎籌碩畫欽佩良深惟念吾省度支浩繁久稱貧瘠加以兵多餉絀來日大難救濟善策莫要於路礦兩項吾省鐵路不通交通一隅全恃西江水流險惡轉輸不便以致風氣閉塞百物窘涸所有軍事上實業上教育上皆受莫大障礙長此不求開通必事事落他人之後其失敗不堪設想幸株欽一路與美訂約現尙未廢主路政者極欲改築他綫以錮吾鄉之交通弟以爲我公與陸武鳴於善後會議中宜提出亟修株欽路爲一條件此路如

通北接長沙南接欽州吾鄉各種形勢必有起色未可以爲緩圖而忽之也又吾省礦產五金爲多有志實業者每以貲本不豐無力舉辦軍興以來官家亦無暇計及亟應於此時銷納外貲合力舉辦便天然利權不致棄置亦提倡實業之一道也路政礦政同時並興則吾鄉退伍之兵不患無容納之地否則實業教育皆以交通不便難於發表留一兵則多一餉散一兵則多一匪 弟 恐吾省之憂不在今日而在和平之後也區區之見未知尊意以爲如何臨潁不勝翹企

再農商部設有鑿井傳習所仿日本法打井每井可灌地四十畝購一打井機器不過四百餘圓去年山西送學生五十名入

所畢業今年發往各縣甚見成效吾鄉地曠人稀如送二三十名學生習練鑿井他日購機十餘架用以開荒必獲大利我公如以爲可行弟請與部交涉立可舉辦諸乞
卓裁賜
覆是幸

潛并廬雜存卷二

全州趙炳麟竺垣稿

與閻督軍商榷土地資本公有公授書

前進山會議時兼座宣言有一法行之立即富强文明其法爲何即土地資本公有公授是也斯言也揆諸孔子所謂天下國家可均孟子所謂行仁政必自經界始若合符節夫孔孟學說發源於井田之制茲聞兼座宣言及見趙次隴先生所定授田各演詞請將井田之制及後世限田均田之歷史而略述之

井田制度自黃帝畫野分州經土設井此其濫觴夏以一夫受田五十畝殷七十畝周百畝其家衆男爲餘夫亦以口授田（孟子謂餘夫二十五畝）士工商家受田五口當農夫一人（口

二十畝）民年二十受田六十歸田其井田經界具詳於周官遂人匠人之職但遂人以十爲數（凡治野夫間有遂遂上有徑十夫有溝溝上有畛百夫有洫洫上有涂千夫有澮澮上有道萬夫有川川上有路）匠人以九爲數（田首深廣二尺謂之遂九夫爲井井間深廣四尺謂之溝方十里爲成成間深廣八尺謂之洫方百里爲同同間廣二尋深二仞謂之澮以達於川）所經畫不同論者故謂周兼二代之制鄉遂用貢法遂人是也都鄙用助法匠人是也爲合一之說者又非之謂周家井田之法通行天下豈異內外匠人以方言之遂人特以直度之其制則一此說經家紛然聚訟小有異同不關宏旨且受田百畝

揆諸周制亦不盡然舉而例之(一)地有肥磽故大司徒制都鄙之域不易之地家百畝一易之地家二百畝再易之地家三百畝遂人辨野之土上地夫一廛田百畝萊(謂休不耕者)五十畝中地夫一廛田百畝萊百畝下地夫一廛田百畝萊二百畝(二)口有衆寡故小司徒均土地稽人民上地家七人中地家六人下地家五人是八家同井特就土地膏腴生齒繁庶者言之并非一概通行之法也然溝洫澮川斟畫分明要其便於授受之計則法度誠審矣秦任商鞅之法廢井田開阡陌阡陌云者卽井田之涂畛溝洫也此其水陸占地不爲得田者頗多世衰法壞漸以紛紜故孟子有暴君汚吏慢其經界之說商君

因其弊一切剗削之聽民兼并買賣以盡人力墾開棄地毋有尺寸遺以盡地利民得以田爲永業不復歸授以省煩擾使地皆爲田田皆出稅以杜陰據故秦紀鞅傳皆云爲田開阡陌封疆而賦稅平蔡澤傳亦曰決裂阡陌以靜生民之業而一其俗蓋由人事既進生產之數不能以常法爲限智力優者自以競爭而占勝劣者自以失敗而歸淘汰勢之所趨無可平均遏之滋弊不如開放之爲得也而使民得蓄私產之法實起於此自秦廢井田後之君子每慨嘆世主不能復三代之法以利其民使豪强坐擾兼并之利嘗欲有所設施以救其弊而有限田均田之議其爲論甚夥今不具錄限田者以所制限民田使不

得過若干畝其意同於均田但均田之制人占田畝法有還交此不同耳其實行限田者一見之於王莽時更天下田曰王田奴婢田私屬皆不得買賣男口不過八而田過一井者分餘田與九族鄉黨犯令法至死後莽知民愁怨竟廢不行再見之於兩宋仁宗詔限田公卿以下毋過三十頃(百畝爲頃)牙前將吏應復役者毋過十五頃蓋但制限於在官之屬也南宋末賈似道以用度不足計富戶逾限之田抽三分之一回買以充公田官給價又不實江浙之民大擾此則價名均富實不啻奪富人田以入官其於貧民生計何補又王莽之不若矣均田者井田之變相也但其田有永業有還受與三代之法較異自晉武

帝時制男子一人占田七十畝女子三十畝其外丁男課田五十畝丁女二十畝次丁男半之女則不課（男女年十六至六十爲正丁十三至十五六十至六十五爲次丁十二以下六十六以上爲老小不事）爲均田所自始而史不詳其還受之法五胡雲擾南北分裂至元魏孝文納李安世（趙郡人）之言遂以實行諸男夫年十五以上受露田（不栽樹者）四十畝婦人二十畝人年及課受田老免及身沒則還田諸桑田不在還受之列其制爲二十畝又凡盈者無受無還不足受種如法盈者得賣其盈不足者得買所不足不得賣其分（去聲）亦不得買過所足諸宰民之官各隨遠近給公田有差齊周隋因之得失

無以大相遠至唐遂爲口分世業之制丁中之民（凡民始生爲黃四歲爲小十六爲中二十一爲丁六十爲老）給田頃篤疾減什之六寡妻妾減七皆以什之二爲世業（二十畝）八爲口分（八十畝）其口分則有還受者也狹鄉授田減寬鄉之半其地有原薄歲一易者倍授之寬鄉三易者不倍授士工商者寬鄉減半狹鄉不給凡庶人徙鄉及貧無以葬者得賣世業田自狹鄉徙寬鄉者得賣幷口分田已賣者不復授死者收之以授無田者此其前後設制之略也自元魏推行均田其時中原統一已久民安其業故但變通其法無田者始授田有田者無受亦無還特以賣買制限爲將來之平均何則勢有所格也唐

初承大亂之餘戶口不滿三百萬流離轉徙地失其主故得以因人制田普行均配然至永徽(高宗年號)而後已兼并如故計均田之行惟自魏至此二百年間其餘無聞焉其粗能久存者亦以前後兵事終始曠土閒田所在而有承平既久戶口歲增則其分給殆難言之況今日人口之衆多貧富之不均較諸昔日爲尤甚驟然行之對內對外必大紛擾不易之勢也然則此制遂不能行乎曰師其意存其說可也合觀吾國二十四史無論何朝開創之君知民艱苦立法行政不背保民之意而其世克治至其末世强侵弱衆暴寡民不堪命兵多無食卒至飢民飢兵相結爲亂殺人流血鷄犬不遺內中有一力較强制較

善者出而剷除末世種種不平之習而世又復治數千年來之循環幾同一轍大抵先試者必敗而晚起者成功隋唐其前鑑也願我兼座時念先聖四海困窮之言常師先聖允執其中之意一面維持現狀一面創造學說深藏其鋒以窺之厚畜其力以待之則禹之授田唐之均田或可見於他日也兼座云能土地資本公有公授頃刻可富强文明本席以爲能富强文明而後方能土地資本公有公授質之各高明以爲何如

山西東山公林碑序

歲在戊午清明日同官太原諸君子集議於文瀛湖各自捐廉購城外山地植樹以爲全省模範時炳麟任山西實業廳長諸君子以是事推炳麟任之乃令技術員蘇定宇度土宜計畫種植陽曲縣知事孫奐崙赴民間議價購地嗣購定距省城東十里許之陳家峪山地三百餘畝植椿柏松榆楊柳等樹略四萬餘株考山林之政莫詳於周官管子迄戰國之時諸侯王互相侵略國無安土然孟子屢述王政終不遺山林材木近者德意志雄視萬國林政之修明亦較他國爲盛以此見農林芻牧爲保民之本良不誣也　督軍閻公百川深知保民方可用民欲

救中國舍此別無他術乃與日人勵行教養之道植樹亦其一端也嗚呼今日之中國爭地以戰殺人盈野爭城以戰殺人盈城孟子所謂率獸食人之時也而　督軍閻公深慨時弊獨能行保民政治豈非陶唐氏之遺澤獨長歟世無平而不陂亦無往而不復願後之官斯土者永遠毋忘保民之意對于斯林亦保之殖之毋縱牛羊斧斤俾嘉木灌叢趺蔓葰茂孟子嘗言七十里百里皆可行先王美政他日天心厭亂人心悔禍知山西留意教養民物繁殖必有來晉取法者豈徒一林一地之幸哉

歲次戊午五月一日粵西趙炳麟撰并書

編定山西礦務誌略自序

墨子曰天之愛人也薄於聖人之愛人也其利人也厚於聖人之利人也又曰利愛生於慮非今日之慮也昔者之愛非今日之愛也旨哉墨大夫之言乎天生貨藏以利人而人或以貨藏自害今昔殊時人我同欲昧於昔相今相人相我相皆害之也故孔子曰貨惡其棄於地也不必藏於己力惡其不出於身也不必爲己馴是行之是爲大同聖人之愛人所以厚於天也堯之授舜曰四海困窮天祿永終舜之授禹曰天下者非一人之天下此眞知夫天地利愛之原而開孔墨大同之學也余二十年來折心此說故官御史時屢上書言民生宜恤實業宜興而

恨權貴之贖貨營私蠹民生以妨實業則具疏彈之權貴亦恨余之喋喋也陽以辦實業用余陰實奪去言論權開除御史本缺令回桂經營路礦不一年而帝國終民國始嗟乎帝國之終固權貴不知堯舜孔墨之旨有以致之所謂民國者民何如乎國何如乎不體天地利愛之心而行聖人大同之說庸有濟乎

歲在丁巳余忝任山西實業廳長適　閻公百川以督軍兼省長勵行民治振興百政迄今三載農工商礦皆具根基本廳職權爲礦務監督署所遞嬗尤注重礦業一門晉省北至武州南逾澤潞環貨鱗萃首推煤鐵案牘累積竟盈緗帙羣僚彙輯都爲八卷礦人所掌按籍可稽昔者風化堙塞沉淵韞櫝今則舟

車所至萬國駢坒山西富此寶藏天之利之愛之也甚矣使能體天地利愛之心行聖人大同之說計國家百姓所以治者而爲之計國家百姓所以亂者而辟之竇者兼盈求者不匱圖强圖富此其權輿反是違時則拘墟專欲則府怨懷璧袖手誨盜生心陸海珍藏或反爲累故余編定是書一則以喜一則以懼

歲次丁巳十二月全州趙炳麟序

重印敦艮齋遺書序

孔子之道祖述堯舜堯舜傳心之旨在辨別道心人心而已天生人而莫不有性有理亦莫不有形有欲道心人心皆天明賦予惟能辨道心之微而有以保之則微者著辨人心之危而有以定之則危者安非靜不明非明不辨是故主靜之學爲要事之本矣雖然主靜而不善致其功心齋坐馳流弊益甚故堯舜之道曰允執其中孔子之道亦不外乎中庸孔子沒子夏以其道敷教西河受其教者自灑掃應對進退以至希賢希聖所謂有始有卒者殆合外內之道乎孔子之道發於堯舜傳於子夏皆晉人也晉處萬山中人性恒靜故歷代大儒繇絕學開大業

多以靜著道光間　徐先生廣軒博極羣書尤精易理游心典籍之府銳思爻象之源著敦艮齋遺書十七卷繪圖立說窮理盡微得主靜之眞傳闢後儒之謬論中國言理學者手一編以爲圭臬久矣炳麟來晉與先生哲裔徐君仙舟訂交仙舟以敦艮齋遺書流傳既廣擬重付印刷仙舟可謂知所本矣世道淩夷大道日晦朋從憧擾恣慾横流不有防之伊於胡底學者果以此書爲津梁求孔孟之正軌一靜一動率乎天性本乎中和以至天地位萬物育無聲無臭合乎天載皆分內事何世變之足慮乎謹書此以告學者並以自勉且以勉仙舟云辛酉四月

後學趙炳麟謹序

理學備考書後

山右理學大家前有范先生彪西後有徐先生廣軒范之學沉潛近於程朱徐之學高明近於陸王徐所著敦艮齋遺書卷少而年近其後人重刊之故易搜尋范所著理學備考卷多而年遠後無重刊故全書極少余於光緒間官　內廷時在京得廣理學備考共六套迄官山右求理學備考不可得訪之洪洞此書版於乾隆間移置道署函詢河東道尹則版早散失秋間游太谷訪得理學備考一套計六本國朝理學備考一套計八本合之廣理學備考六套而書全因喜誌之辛酉八月趙炳麟識

山西第一次實業展覽會報告書跋語

西哲斯賓塞爾之言曰(社會之品用日繁人智亦因之日進)比較品類日求精進此各國所以有各項展覽會也炳麟於丁巳仲秋來晉襄辦實業適　閻公伯川以督軍兼省長勵行民政注重教育實業二年以來長官提倡于上邦人君子經營於下覺物產之繁工業之盛農礦之日益發展駸駸乎有新造之氣象焉爰商之　閻公舉行山西第一次實業展覽會以促進行　閻公曰可乃徵集諸縣物品陳列文瀛湖任人觀覽覽畢復聘集專門學家爲之辨別等差酌予奬勵但事方創始規模未免狹隘當此工商競爭之時願我三晉人士日新又新數年

後安知不媿隆歐美耶近日美國博士衛中來晉考察政治言振興中國之法首在發揮國性製造國產衛博士並深慨中國國性久衰國產日敝他日一線曙光當在汾河流域痛哉斯言吾聞之喜懼交并幾不知答以何語也茲編展覽會報告書書成因書衛博士之言于紙尾以與晉之官商士民共勵焉歲次己未七月一日廣西趙炳麟跋後

塵憩園記

京師宣武城南街衢交錯車馬輻輳所謂十丈軟紅塵處也余於是間購地五畝以三畝爲廬舍寓我妻孥餘地二畝闢爲小園略具花木適我野趣額曰塵憩園園中爲小樓藏經史子集暨名人字畫於其上而附以余早年所爲諫草額曰藏書樓樓左爲小亭取陸劍南老去同參惟夜雨焚香臥聽畫簷聲詩意額曰參雨亭亭前有古柳五株柳相間處有壞方二丈引水爲池以種芙蕖池四圍用木檻以植牽牛樓右建迴廊以通住室迴廊右近牆處有地寬五尺長八丈悉植榆梅間以丁香迴廊左有地寬九丈長六丈植蘋果海棠桃李杏等樹每新雨初來

濕雲如墨主人持茶一盞兀坐亭中聽雨聲丁冬如禪宗說法則渾忘世慮雨霽羣花怒開柳條送綠鳥聲上下如歌如語則暢達天機囂塵四合中此亦一幅清涼地也迴憶宣統之季余罷御史臺還桂林築室柏巖之野號萬松草堂湘水環之前後數十里皆古松參差一望蒼翠無際又有田疇櫛比溝澮脈聯夏雨稻畦秋風豆隴古之桃源不過是也乃世事變遷雲譎波詭余鄉當湘桂之衝爲用武必爭之地連年兵燹歲不安居軍餉所需籌之賭博呼盧喝雉所在皆是湘源淨無纖塵之土今則黃塵擾攘余是以不憩於彼而憩於此也雖然治亂迭乘者運也南北互徙者時也願我後人知運知時可南可北在茫茫

塵海中自求憩息之淨域孔子曰里仁爲美又曰危邦不入此古人明哲之義亦處亂世之道也

陳勉齋先生傳

學術之盛衰關係世運之治亂明末學術衰人心壞至淸康熙時李文貞熊文端湯文正等先後以理學羽翼英辟化民成俗炳焉與三代同風迄乾隆間詞華相尙舍本逐末至道光時而頹風愈甚俗靡政弛國幾不振咸豐間曾文正羅忠節袁文誠倭文端等又復提倡理學撥亂反正當是時伊洛之野有能繼二程絕學者得一人焉曰陳先生勉齋先生諱保遐號勉齋河南光山人也幼聰穎事親以孝聞母歿廬墓不去每祭盡哀家富藏書流覽殆遍村有賽山僧寺先生下帷其間彌自刻苦所爲文有奇氣如學宗程朱論酒榷考河防備覽中州賦役考雖

老師宿儒自嘆不及年二十三補博士弟子二十四食廩餼先生曰讀書豈終如是耶旋棄去設帳授讀以理學號召遠近從學者百數十人謂漢學流於雜戒諸生以宗程朱爲圭臬游大梁中丞錢公器重之袁文誠公督餉關中召之入幕皆不顧又以恩貢選授儀封鄉學教諭亦辭不赴以著書味道自娛風雨一廬晏如也咸豐十年光山患流寇先生家居睦宗族和鄉黨取與不吝人咸樂爲用鳩集鄉人先期修山寨設鄉團朝夕訓練賊不敢犯鄉里至今德之老年信道彌篤尤嗜周易與性理精義著有文集詩集九經稗疏仁說義說諸篇兵燹之後散佚無遺惜哉現僅存者家訓及家塾訓言修齊寶訓等雖片紙隻

言亦關人心世道觀於先生之勵學益知世之將治卽鄉野間亦大有人在也

趙炳麟曰余往年驅車河洛憑弔中州人物意平原廣野間必有隱君子者太原晤方君幹周每盛道勉齋先生闡明正學與咸豐間中興諸名臣同功見先生之孫鴻飛恂恂然有儒者氣象所辦政治井井有序知爲有道者之後也詩曰高山仰止景行行止又曰風雨如晦雞鳴不已今日學術蕪雜極矣編先生事略畢不禁三復詩言低徊嘆息久之

復閻督軍垂詢鄉軍之制

竊維鄉閭保衛之法莫詳於周禮古者寓兵於農與井田學校並進必先使人人有一定之職業與普通之智識然後教以効忠國家之道管子內政寄軍令唐行均田之制創爲府兵即本斯意也德國之徵兵美國之童子軍與我國古法亦相去不遠今　督座訓練鄉軍以保衛本省之治安與周禮寓兵於農之意正相脗合炳麟本史册之所載與時勢之所宜特條列事項以備採擇焉古者治軍稱名仁義是以紀律必明志趣務端擬道德爲第一身軀强弱視乎衛生習苦耐勞斯成精銳擬體質爲第二有勇無謀自古所戒進退攻守全資計畫擬智略爲第

三發無不中堅無不破固藉器精亦由力雄擬技能爲第四山川險要關塞形勢瞭如指掌始無阻碍擬地理爲第五報告軍情紛傳露布無遠弗届文事是賴擬文言爲第六守望相助如臂使指一呼衆應勢乃不孤擬聯合爲第七奸宄絕踪閭閻安堵上法保甲得便稽查擬戶口爲第八地之所生人之所養糗糧以出有備無患擬出產爲第九召集爲兵散歸爲民鄉無游惰國乃安甯擬職業爲第十以上十則本　督座振興民治之意聊伸一得之愚抑炳麟尤有言者上古寓兵於農之法與井田之制相輔而行孟子言王政述之詳矣唐時均田府兵之制立法甚善後人率更張之非古法之不行也今日推行鄉軍宜

採井田遺意使財產教育平等庶幾澆俗可挽古代同風矣

王母蔣太夫人壽序

庚申八月王生竹齋乞假回全且肅衣冠來語曰啟華從先生來晉三年矣歲九月爲家母蔣太夫人七秩啟華少失怙幸而成立皆母是賴今回全稱觴乞先生一言以爲母壽麟聞之愯然曰王生勉乎哉余七歲時聞　先母蔣太夫人訓曰吾全邑稱賢母者兩人一龍水蔣太夫人其教謙之中丞曰做秀才時當有宰相的度量做宰相時莫忘秀才的攻苦一橋渡謝太夫人其教梅莊侍御曰早辛苦早快活遲辛苦遲快活不辛苦不快活之兩母者皆少寡撫孤子而兩先生苦學成名政治文章光耀青史故後人賢之王生有賢母事姑孝敬教子義方數十

年如一日王生之從余出也太夫人呼而教之曰天下治亂匹夫有責汝從先生游毋遑血氣以僨事毋任卞急以爲能數語犖犖亦云賢矣余聞古之稱賢母者無不視其子之行誼爲定評故孔子曰立身行道揚名於後世孝之大者也又曰君子疾沒世而名不稱焉君子之所以疾者何哉蓋稱之而父母遂有此子也不稱之而父母竟無此子也匪徒無此子且並父母而無之將與草木同腐是以君子引爲沒世之疾不敢須臾忘也蔣謙之謝梅莊兩先生自受書以至出仕每念及賢母之訓竊皇然以泣用能立身行道而顯揚其親王生勉乎哉當思所以繼謙之梅莊之後余於王生之行書此以勉王生並以爲太夫

人壽

晉牟盦雜字鑒二

十九 趙柏巖集

顧卓羣元音琴譜序

聲音之道生乎人心通乎政治故善爲治者愼其所感昇平之世天下和洽人得其願上下相悅思所發見聖人爲之作樂以和樂之宮商角徵羽五者不亂則音無怗懘而政治平矣晚世俗頹風靡人類相欺怨舉國相侵略禮義滅絕綱紀棼泯宮商角徵羽五者皆亂於是淫聲作政治偷矣聞其樂知其時之治亂此孔子所以晚年正樂而古先王所以合禮樂政刑爲同民心出治道之大本也吾國古樂不一而琴瑟爲最要瑟之失傳久矣晚近以來鄭衛盈耳善琴者亦不數覯山西勵行民治改造社會懼淫樂之感民也思以古樂救之乃聘耆宿訂雅樂吾

友顧子卓羣應聘至晉授琴數年弟子滿河汾壬戌六月出其元音琴譜問世五臺閻公爲之刊行以垂久遠顧子索序於余余不知琴而子媳輩從顧子學琴知顧子精於琴學未可以不知音而不傳其善且放鄭聲興雅樂余與五臺同心久矣因將聲音之感人道政及顧子之來晉善教並著於篇而爲之序壬戌七月桂林趙炳麟序於潛并草廬

竇林張氏遺稿跋

余昔聞竇林張龍池先生得理學眞傳卓然爲山右大儒徐廣軒先生極推尊之丁巳至晉徧赴各書坊搜求著述渺不可得壬戌與趙遂菴結伴作臺山之游宿竇村鎭龍池先生故里也訪求遺稿始知先生所著之易註四書註及詩集原稿皆散失於粵中後人僅存家冢數文而已什襲回省商諸　閻省長允爲印刷先生殫畢生精力發明聖賢之道著作等身所存者僅此良可慨也先生與洪洞范彪西先生世未遠居相近范著國朝理學備考山西同時耆碩多列篇幅而未登龍池先生文字者蓋龍池先生不求聞達彪西先生無從得其撰著也徐廣軒

先生極尊龍池嘗題詞建坊以表彰絕學而敦艮齋遺書亦未編入即孫文定所撰鶴蒼墓誌銘爛敓末頁而文定只刊奏疏未刊文集亦未由補正益嘆明珠之沈於赤水者多矣因與常君子襄校正譌字並跋數語於紙尾歲在壬戌後學趙炳麟跋

黃巖柯輔殷先生七十壽序

昔在京見山西宗聖雜誌昌明聖道蔚然有光知此邦大有人在迄國會再造之明年余來晉經營實業與此邦賢士大夫游始知有柯定礎其人者主山西宗聖雜誌筆政抱道自重以扶翼聖教爲己任海內尊孔之盛山西爲最定礎與有力焉余遂與定礎訂交戊午定礎在宗聖社乞假回浙告余曰今歲某月日爲家嚴七十懸弧之辰璜與君交厚思得君一言以爲父壽余不文何足以壽先生然余與定礎友知先生行義烏可不述其梗概先生幼穎慧古今書籍過目成誦所爲文有奇氣不落窠臼既長益肆力諸子百家之言旁及於岐黃柳莊之術讀書

有暇爲人治緩急談休咎多奇驗先生未嘗有德色亦未嘗以酬應之煩廢學也已而屢困塲屋無所發展家清貧一燈熒然誦聲不輟有時發爲吟咏作金石聲至若鄉里之乞貸親朋之餽遺以及一切慈善事業則務竭其力無少吝性情和易待人接物一本至誠常謂古來之英雄豪傑所以能享大名成大業者不外能忍而已鄉黨中有以不平之事相告者則必引古人忍辱之事以爲戒一鄉之人咸相敬無敢忤蓋其得天厚而涵養深允能康强逢吉以綏福祉而迓天和者歟先生既不得志於有司而痛國勢之積弱慨然有啓發後人之志於是作爲文章其書滿家藏之名山傳之其人然後知崧嶽之誕生爲不虛

也先生有克家之子二長卽定礎次名佐皆嶄然克自振立先生於承歡之暇猶以國家之事爲念有時怡情花鳥與鄉之後生小子風雨過從依然杖履優游若忘其老之將至者是天之報施善人固無或爽也詩曰樂只君子邦家之基樂只君子萬壽無期若先生者蓋邦家之光非閭里之榮也永享期頤又何疑乎

高要陳母李太夫人六十壽序

古來聖賢依賴賢母以成名者衆矣余尤心折崑山顧亭林當有明之季恪守母訓巋然以文章氣節爲一代圭臬蓋其懿德出自名門休風播於內閫而不慕榮利取名教綱常爲義方之

訓數十年如一日卽孟子所謂浩然之氣非尋常家庭教育所能擬議也後三百年余友高要陳君重遠之母李太夫人髫鬋近之重遠以前清名進士留學美洲爲南海先生高足弟子辛亥余過滬上適重遠自美利堅歸國相見甚歡及重遠主持孔教總會余以國會議員留京師昕夕過從見其任事堅忍未嘗不以南海弟子多矣而附勢趨利無益於國求其不屈不撓內柔順而外艱貞得明夷之道者重遠一人而已歲戊午重遠以其母李太夫人六秩大壽序述事略徵索詩文然後知重遠之甘心淡泊而不求利達盡力孔教而不慕政權者皆李太夫人之懿訓有以成就之也太夫人本高要望族早嫻閫訓親族戚

黨咸無間言及于歸陳氏事翁姑以孝相夫子以順平居溫靜
無疾言遽色性甘淡泊好施與珠翠之飾錦繡之華屛而弗御
至於鄉里之乞貸親朋之餽遺以及關於慈善之舉皆力任之
無少吝尤秉公父文伯之母訓終日勤苦至老不衰時雖家人
操作以分其勞婢婦臧獲周恤備至即禽魚草木亦殷殷致其
愛惜使之各遂其生蓋其仁心爲質勤儉持躬允能康强逢吉
以綏福祉而迓天和者歟先是甲辰之夏重遠聯捷成進士太
夫人猶不肯遂安祿養游學之費拔簪珥以佐之勉重遠以鶩
眞學求實用勿存作官之想故重遠歸國以來安心樂道竭力
發明孔教百折不回誠不愧爲恪守慈訓者重遠有弟曰大章

畢業於中等實業學堂與重遠皆懷抱瑰異超出流俗他日之所以慰太夫人者正未有艾今則板輿迎奉菽水承歡一門怡怡藹爲善氣太夫人高年康健不調攝而自壽以至耄耋過期頤福澤綿延詎有埃涯余不敏不能揚太夫人美德茲舉其平生大節綴之於篇以爲侑觴之助世無平而不陂亦無往而不復尤望重遠兄弟堅其帆檣定其鍼舵以濟此洪濤毋負太夫人嘉訓而與亭林先生後先輝映也

衮甫康公墓碑銘

公諱勤職字衮甫先世居山西五台縣之張家莊村復遷五級村曾祖諱織斗以商賈起家稱小康祖秉毅父德貞天性孝友

妣氏杜不育側室王生一子諱勤學出嗣長兄德懋杜歿又娶於白生一子即袞甫也父早歿祖尙在公甫四歲兄習甫亦八歲翁老子幼白太夫人以一身撑持雖饔飧足給而十餘年來喪葬婚嫁所費不貲家道亦漸中落故公年十五與兄皆輟讀習爲懋遷之事持籌握算終歲所得金盡供甘旨而太夫人好施予戚黨中賴以舉火者甚多公則節衣縮食竭力奉母以周急濟貧終身不衰殆所謂能養志者歟公之經理商務酌盈劑虛起衰救弊使不支之局危而復安二十餘年獲利鉅萬人皆以爲能公嘗謂經商如治國然審察內情淸理外債裁冗廢杜虛糜如是而已嗟乎吾國之貧極矣使得理財如公者開源節

流整頓危局民生何致竭蹶至此惜大才不克用而國家所稱爲理財家者皆賣國權剝民膏以肥一己之私囊有王者起非盡誅戮之無以快人心而伸天理而所謂眞能理財者又多埋沒於一鄉一家之間以獨善其身良可惜也公歿於民國元年三月二十四日年五十有四元配徐氏先公卒生五子一女長佩珩字子韓清附生民國衆議院議員今任潞澤營務處長安良除暴綽綽有聲次佩瓛佩瑛佩琮佩瑜女適陳氏孫七孫女二民國二年公與元配徐氏合葬石跡八年長君佩珩欲勒碑於墓乞銘于余余與佩珩善不可以不文辭爰爲銘曰

台山峯峻沱水流清山川毓秀實產奇英理財有書貨殖續傳

大才桀桀善於商戰貽謀翼後世澤孔長燕山之風五桂騰芳雙瑩傑然豐碑斯樹我爲銘碣垂之萬古

李革癡西洋大歷史序

不知夫世界之趨勢與古今之變遷不足與論史不明夫種族之盛衰與政治之沿革不可與治史數千年來人種之競爭文野之競爭經無數階級以有今日皆歷史上無窮之遞嬗故居今日而言史學則斷非通一朝之掌故考一國之興亡而遂詡爲上下千古淵博典籍也明矣李君革痴曩著西洋大歷史一篇時人稱爲善本已未余獲交李君於幷門以是編爲贈且屬爲之序公餘之暇開函諷誦知其着眼於世界主義而融化泰

東西之文明可謂極史學之能事矣書凡三篇自埃及之建設希臘之文明斯巴達之倔强雅典之繁盛羅馬文教之勃興法蘭西革命之影響以及近代之學術思想宗教進化一一載之於書條分縷析誠鉅製也方今大勢漸趨大同彼族强弱之起源皆足供吾人之研究此書一出誠宜人手一篇以資借鏡他日風行一世其所以嘉惠於士林者豈淺鮮哉是則某所馨香以祝之者矣

鄭公庚子殉難紀略序

吾鄉鄭公沚靑殉節庚子之變越十年陽城張君志仁殷君貞吉編爲紀略余方留京師手加校閱深幸公名之傳而增吾鄉

之光也丁巳余任山西實業廳長其元嗣有愚適宰崞邑以公事來謁復出公殉難紀略請序嗟乎拳匪之禍慘矣一時士大夫縉紳之家被其災碌碌以歿者曷可勝數當是時余由翰林上書論拳匪爲紅巾黃巾幾罹大難友人劉發怡强余避昌平之高麗營以免今閱鄭公事節益愧余之臨難苟免而益嘆公獨以一典獄之官蹈白刃而不顧朝廷褒之於上士民頌之於下馨香祀事傳之無窮抑何隆歟桂林爲天下名山水民風樸古敦尚氣節余每過疊綵山下見瞿張成仁處豐碑屹立未嘗不流連瞻仰徘徊久之公爲桂林世家讀書識大體宜其矢松筠之節秉鐵石之貞一旦禍變倏來從容就義此豈尋常之士

所可比擬哉近世正氣淪亡泄泄沓沓毫無振作公以末僚臨大難而不奪至今讀其殉難紀略猶凛凛然有生氣吁可以風矣有餘勉之其思所以追明德之後也

晉册賸言序

民國六年淮安徐君南洲主晉北鹺政余亦承乏實業朝夕過從雅相契愛南洲詩文雄邁書法古雅名山之業自有千秋吏事其餘技耳尋南洲差竣回京函示所編晉册賸言囑余為之序考鹽政諸書莫詳於管子洎西漢以降著為成法故一代理財之盈絀咸視鹽政為轉移其關係於國計民生亦綦重矣中國濱海之區產鹽最富山西素稱山國去海綦遠而域中有安

邑解州之鹽池亦爲天然美利以視閬池蜀井何多讓焉南洲居晉凡四年公帑歲增至鉅萬而南洲則固從容治理行所無事閒則持白酒對靑燈揚扢風雅比之劉晏轉運江淮未嘗加稅而度支自裕誰謂古今人不相及耶南洲嘗以新疆甘肅之石鹽利濟無窮每與余言河東石鹽必不下新甘託余交縣詳查以復南洲方規畫試驗而瓜代已屆匆匆去晉愈見其居職之不苟矣昔胡安定置經義治事二科而兼長者難其選今南洲之文章雄傑如彼經濟明通又如此信乎其全材矣則晉册賸言他日當共名山大業以俱傳也辛酉七月序於太原之參兩軒

許介侯先生傳

先生諱晉祁字介侯廣西臨桂人也其先居於皖歙明季之亂八世祖鳳岐遷隱桂林七世不仕至先生幼而穎悟書無所不窺生有至性嘗讀孝經至立身行道以顯父母慨然曰人生不當如是耶弱冠入邑庠登賢書入都道聞母喪痛哭而返三年不出祖母年九十耄矣先生謝絕人事先意承志如所以事父母者父繼娶於周先生每以事母未終爲恨奉繼母維謹時清大吏每月課諸生文藝給膏火先生每試輒優異獲重餽滫髓脂膏之屬恒取給焉光緒庚寅成進士選翰林院庶吉士散館授編修官京曹六年改官知府需次安徽總辦蕪湖保甲仿曾

文正公成法撫輯訓練民無盜患以勞移大通釐關遂奉重幃就養大通素繁盛號為美差主筦政者官帑多中飽先生稽核所入盡以歸公期年比較增鉅萬擢池州守時先生王母歿於皖先生以父在歛厥哀無何又丁父憂先生乃哀毀骨立掛冠扶二櫬歸里道路崎嶇墮傷右臂幾折若忘其痛者歷數十日始抵桂營葬焉光緒　年服闋起用提調安徽洋務清季言洋務者多闒茸畏外人如虎先生獨持大體外交無間言適潁州大刀會匪案起民間多株連先生奉檄署州事一無枉抑所活無算州民德之誠果泉中丞委先生提調全省學務先生以繼母周夫人思故鄉不樂居皖乃改官湖南權知長沙府數月署

永順府永順地多盜大吏以先生有能名固試之先生按行抵郡獲其渠魁餘悉竄去又以民俗剽悍地利不興田多水患於是建學校立警察興水利三年號稱大治旋權知郴州尋授永州府篆武昌事起梟民冒民軍乘機蠭起爲民害郡民堅留先生勿令去先生坐鎭數月地方以安先生雅愛秦淮西湖之勝民國　年適被聘江蘇省長顧問遂樂就之先生年六十矣猶依依繼母夫人之側雜家人笑語以爲樂問安進食至老不衰暇則詩酒嘯歌娛情墨翰以己未夏正七月初六日卒先生之子翰藻允迪允治允釐允昌允昭皆能繼先生之志篤其孝思云

趙炳麟曰始余爲諸生聞先生名入翰林得一見先生爲幸先生守永州距吾全近以時過從輒流連者久之及余調停南北和議道出金陵造先生廬縱談時事神采倍昔詎意一別遽成千古耶然世之論先生者多重其文章經濟而不詳於內行誠不足以知先生也嗚呼方今之世相與裂冠毀冕佚倫蔑性邪說詖行淪胥以鋪使士大夫皆以孝弟忠信相勗其所保全爲何如耶若先生者固不可不傳於後也

趙硯亭公墓碑銘

聞之有陰德者必有陽報故于公高閭歐母教子幾膾炙古今人口謂于定國歐陽修之登卿相均爲乃父母意料所及若操

左劵誠足以愧殘忍刻薄之輩見善而不爲見富貴而絕裾者不謂往古賢士大夫之所爲竟有見之於晚近者我同宗覘亭公隸籍山西忻州服田力穡生平懿行不勝枚舉而其所最不可及者莫如辭富焚劵兩事公性至孝母馮太君年甚高歿時已八十有四公泣無常聲猶作孺子慕先是同里有張君鑑堂者於輿嵐之交以墾牧致富後因事不克往夙慕公之爲人欲延公代爲經營公以母在堅辭越數年復勸公曰君終歲勤動遇豐稔多獲亦無幾若代理吾業凡厥措置悉任君所獲當倍蓰且吾牛馬蕃庶擇其捷足者不時歸省亦甚易易君其毋辭公謝曰君業固佳君意良誠不敢奉命者以老母春秋高某也

侍母既久離母愈難設一旦遠遊傷母心違子願方寸既亂於君事亦將不利況吾家薄有田產晨昏菽水亦尙不乏即此及時承歡尙恐爲日無幾分外事非所願張知不可强嘆惜者久之嗚呼公以愛親辭富娓娓動人與李密之陳情可謂後先一轍矣公晚歲尤好施與臨終時檢舊所藏債劵諭諸子若孫曰人非至急孰肯告貸果有餘孰肯負債吾少貧此中況味皆所親嘗勿留此以貽糾葛悉舉而投諸火噫斯言也斯事也千乘之孟嘗君聞馮驩此舉猶有不豫色然公乃慷慨行之不少顧惜夫李密馮驩一孝一義令名已足千古公以一身兼之其視古之賢士大夫爲何如宜其壽晉古稀克昌厥後天之報施善

人灼然不爽也公諱明遠號視亭生於道光八年八月十三日卒於光緒二十六年十二月十六日享壽七十有三歲德配馮夫人相夫教子亦以賢著子三助勤勣孫五恆泰益泰良辰廣泰清泰曾孫三祐禧祺民國五年炳麟與良辰同事衆議院得悉公之至行謹次其節略而爲之銘焉銘曰

五峯崢嶸兮嵐河汪洋毓秀鍾靈兮發其祥中有耆英兮壽而臧德與山高兮澤與水長積之厚兮流自光蘭與桂兮競騰芳

趙廣業先生家傳

余在國會製憲時爭定孔教爲國教當時反對者甚烈吾友趙君遂菴毅力抵持聲色俱厲殆有教存與存教亡與亡之概余

於是重之迄余來晉主持實業行政引遂菴共策民生朝夕相處始知遂菴之信教堅篤有由來也遂菴之父廣業先生諱勤世居山西忻縣檀村昆仲三人先生行居次賦性聰强質直有古風幼喜讀書了大義年十六時其父視亭先生以食指繁令伯子出塞外謀什一先生聞之請曰家人團聚人生幸事今不得已出而謀生兒居次當往兒居長當留奉親弗許繼之以泣乃允行遂習商於塞北之豐鎮工心計精擘畫數年積貲自設肆業隆隆起歲所入家賴以給間年歸省事父母無少違處兄弟怡怡如也駐豐既久凡族人鄉人之習貿遷者樂爲迪引之由是起家者甚多至今感念弗去口嘗謂豐壤錯內蒙土廣而

腴力穡者猶少若集鉅資事墾殖裕民實邊計無有善於此者奈世知其策者卒鮮不遂厥施先生少未卒學有暇輒手一編至老弗輟教遂菴甚嚴雖自奉極儉而豐其脩脯令其歷從名師學嘗諭之曰詩云稼穡維寶人能從事稼穡則退有可行之業能知稼穡之艱難則進無虐民之舉大學云惟善以爲寶能此則學業日進而無奢侈之弊吾以雙寶名其堂卽取此意汝其識之又曰人之作事須立志而偷安者無志欲志之成在堅忍人之制行須重義而爭利者忘義去義之敵在輕財今遂菴毅力堅忍信教不阿皆先生之教成之也先生數十年刻苦經營商業始底於成臨終時遺囑以肆中資產與伯叔共之吾聞

顧亭林先生嘗訪靑主先生於太谷爲創票號辦法數百年來晉人以商業著若先生者其猶有崑山計學之遺傳歟先生生於道光二十五年十一月二十日卒於光緒二十六年七月十二日春秋五十五歲德配劉夫人性沈靜有閫德奉親曲盡孝養教子月有程日有記不稍寬假嘗曰治家貴嚴嚴則家庭肅然不嚴則子孫之習氣日就佚惰而流弊不可勝言矣汝等宜切記之持家儉而中理待子姪輩有恩歿之日人多追悼不置云夫人與先生同年生卒於光緒三十年四月初八日享壽六十歲遂菴既託余友江叔海爲撰墓志銘復以先生行略託余編次彙爲家傳以垂示後世余與遂菴相處久相知深不可以

不文辭因綴其行誼如此

陳公彙吉先生傳

扶輿磅礴之氣在天則爲日星在地則爲河嶽人之秉有日星河嶽之靈者如九官十亂經濟匡時四皓兩生道德備己其升沈顯晦雖各不同而皆得有扶輿磅礴之氣應運而生者也忻州陳公諱逢泰字彙吉其先世積德累仁茲不贅述第述先生之嘉言懿行誠有足多者先生髫齡入塾敏異非常師爲講授禹貢即能畫地成圖曲折不爽弱冠游庠旋舉優行補增廣弟子員爲山左李仙根觀察陝右沈禹亭直刺極賞禮羅諸門下日與鈕松齋史省菴諸名宿以道義相切劘雖蹭蹬棘闈五薦

不售而立身行詣學有根柢凡歷代諸子百家之粹語皆其一生之注脚著有觀我齋遺詩一卷詩文一空倚傍不落前人窠臼人或得其一紙涎口而膾炙之而先生以爲餘事恒不屑爲其事親極孝敬冬溫夏凊昏定晨省視形聽聲無微不至居喪哀毀幾至滅性其待姊妹極友愛視其家計艱難不獨多方推解卽女嫁男婚胥以一身任其責其天性然也見有赴鄉闈上春官者輒助僕賃資無稍吝表姊孫氏孀而無依爲修別墅以居完其兒女之願及其身後殯殮事表姑趙氏食貧守志特爲之請旌同鄉趙女蓮重孝行可嘉亦爲之請旌此外若表姑及某某等皆肖其行事親爲立傳載入州志鄉民有領常平倉穀

歲歉不能歸還者悉數代還以免其追呼之苦他如創辦義塾以惠寒畯助設小學以興教育倡種樹木以廣林業精習岐黃以起沈痾謂公德私德不必區分以無傲無詐垂爲遺訓皆其卓卓可表者嗚呼先生之經濟雖不若九官十亂之發皇先生之道德已與四皓兩生相媲美其生有自來非扶輿磅礴之氣有以致之哉先生以疊次輸餉由同知晉秩鹽運使司運同隨帶加三級欽加正三品銜誥授通議大夫生於道光十四年十二月十八日亥時卒於宣統元年七月初十日申時享壽七十有六歲其德配邢淑人繼配司淑人再繼配王淑人皆閫範可風子女各二長愛棠議叙布政使經歷次敬棠優廩生議叙中

書科中書前充諮議局議員現爲參議院議員長女適州同趙瀛洲次適守備段作模俱先先生卒孫六鴻遇翰林院待詔銜鴻逵監生自治講習所畢業生鴻迤公立中學堂畢業生鴻達鴻廸均就傳愛棠出鴻逌敬棠出尚幼曾孫三忠儒義儒勤儒俱幼歲丁巳炳麟與敬棠同事國會屬爲先生立傳謹次其節略而表其萬一著於家乘云

羅荇樵茂才六十六歲壽序

歲癸亥荇樵謂余曰今年吾六十有六矣吾與子相處久子不可不以言贈趙炳麟曰諾余之與荇樵友善在光緒間　先君宦長沙之時其時余與荇樵皆壯盛荇樵富經術博故實　先君有文事必以荇樵從且謂余曰吾至長沙所取士以荇樵爲最此他日國家之棟樑也乃未幾而科舉罷時局日棘　先君亦去世昔之期爲棟樑材者潦倒窮途莫由展其驥足荇樵遂不求聞達日以教弟子爲樂余聘以教兒子輩經籍壬子以後國體更變荇樵與余同隱湘源之野余事躬耕荇樵專心課徒嘗同登磐山之顛兀坐石下看野桃萬株開花爛縵稚子輩或

歌或笑跳舞花下幾不知人間世是秦是漢矣洪憲稱帝桂人有以余前清劾袁世凱各疏封寄袁氏冀興大獄余將避於扶桑之濱而妻子無所託荇樵曰子行矣託妻寄子吾其任之余未行而陸武鳴約余起兵討袁余遂免於禍嗟乎當洪憲之時所喜則致清顯所忌則攖網羅荇樵乃不懼株連慨然以余妻子自任非血性過人者能如是乎會余至晉延荇樵爲幕賓余握管時每忘典故出處一問荇樵歷歷如數家珍年六十六書蠅頭小楷毫髮分明爲余校勘所刊詩文各集糾謬繩訛夜以繼日其精神强健非功深養到者能如是乎孔子嘗稱仁者壽夫仁者何以得壽由其養於中者凝然澄澈不爲物遷不爲境

易故能悠久無疆也獨惜楝樑之材屈居卑下此曾文正所以爲彭麗生悲也雖然我輩聞孔子之言曰邦無道富且貴焉恥也荇樵既不爲孔子所恥而又得仁者之壽亦足以自解矣因書此以獻一巵而爲之壽云

潛幷廬雜存正誤表

册別	頁數	行數	字數	誤	正
卷一	第十八	第八	至字下	本	平
	第二十	第十二	專字下	受	管
	第二十一	第一	將字下	維	繼
	第二十八	第一	失字下	賤	職
		第二十	國字下	維	雖
	第三十五	第四	瀝字下	陣	陳
卷二	第二	第九	不字下	爲得	得爲
		第十九	坐字下	擾	攘
	第三	第八	名字上	價	假

潛幷廬雜存正誤表 一 趙柏巖集

潛并廬雜存　正誤表

第四	第五	有字下	原	厚
第六	第十一	人字上	日	晉
第七	第二	愛生於慮句下	脫	昔者之慮
第九	第三	天字下	明	所
	第五	爲字下	要	萬
第二十	第十五	人字下	道	通
第二十七	第十三	有字下	餘	愚
第二十八	第四	新字下	彊	疆

柏巖詩存

趙柏巖集
湘潭趙啟霖署檢
國立廣西大學圖書館
THE LIBRARY OF NATIONAL KWANGSI UNIVERSITY
CHINA

柏巖詩存

柏巖詩存卷一

全州趙炳麟竺垣稿

大東溝戰事誌感甲午稿

海軍提督丁汝昌帥定遠鎭遠致遠靖遠經遠來遠濟遠平遠超勇揚威廣甲廣丙各兵船自大連灣開泊鴨綠江之大東溝遇倭船魚貫而至升旗鳴礮汝昌旗靡隊亂我船有先竄者有自焚者有觸礁擱淺者未幾丁懸白旗降倭

國家練海軍數年糜庫藏無算自大東溝報到乃知十年之功廢於一旦不禁感慨係之爰爲七律以誌

戢舸亙艑大江流白浪青燐一望愁洪范聯營終誤國平淸入

寇竟降州偵師惟敬原無策料敵張禧反縶囚可惜遼陽根本地蟲沙滿眼塞垣秋

遣懷

僑寓京華秋復秋蘋風吹雁思悠悠座中良友如花散客裏韶光似水流月落湖南添別夢雲停塞北滯行舟紛紛世變何時定幾曲高歌莫療愁

湘潭阻風 乙未稿

回猋肆碭駭意態悲且豪竦身來蘋末噫氣吸江濤觸櫂聲如擊衝沙力似洶沸乎同暴怒滂兮作悲號橫流忽騰轉瀎洌數丈高潏潏復淈淈不能容輕舠一陣又一陣望之悚骨毛告爾

榜人聽慇懃把數篙自有澄清日主舵莫辭勞

益陽縣署花園雨後作丙申稿

叢叢酣碧快涵濡滿郭山光近草湖却暑芳洲多杜若生香藻渚長萑蒲風搖柳面飄靑線雨點荷心綴綠珠最好天光雲影接翩翩遙盪一雙凫

和耿苹埜湘明府重九登高原韻

丙申　家君宰資中麟隨侍任所重九日與諸君登裴太尉亭履巉巖披蒙茸雖故址飄零舊垣淪落然登高一望遠巒含烟沙鳥風帆逐波上下亦勝概也已而至白鹿寺數叢翠竹滴露玲瓏令人有方外想因借僧房高談縱酒

薄暮而歸耿莘伯明府成詩二章屬麟和之謹依原韻集古句二首以博一粲云

渚烟溪月共忘機權德輿 有酒逢人勸莫違蘇轍 一徑綠苔凝曉露伍唐珪 小舟如葉伴斜暉韋莊 竹香細細禪房靜王龜齡 山石巉巉磴道微文同 此日縱君千里步釋皎然 風雲高處約先飛張維

自憐終乏馬卿才馬懷素 水國秋聲客思哀唐人句 樹影不隨流水去方干 閒雲時帶角聲來張喬 波翻極浦樯竿出權德輿 山入江亭罨畫開秦韜玉 俛仰濠梁聊自適國朝勵杜訥 祥烟靄靄拂樓臺羅隱

北上別父丁酉稿

兒自能行時卽繞慈親膝始從湘西游兒年方十一炊爐烹角

黍置甕陳飴蜜是時兒好游朋輩嗤蕩逸緣木捕雀巢取草栽
窗隙父猶愛兒慧詩書讀已畢既成七字聯解學五言律側耳
聽講章任口無遺失父曰有子哉吾道或能述十二在家塾兒
起學括帙十三至桂林太歲猶在乙父不戒兒嬉亦不策兒佚
兒文多謬疵父但勤削筆取辭刪雜蕪講理貴清秩同房並同
榻教誨更保恤如是者有年漸至十六七詩文皆成篇用典奇
而佶入泮復步蟾均父善表率一再賦北征湖海波濤瀰賴父
勤提攜俾兒得安謐初去父成名再去兒受室居京年復年兒
試黜又黜父有長沙行轡向都門出蜻蜓兵正狂風鶴謠堪怵
父促兒速歸淚與詞交溢兒幸宴瓊林父爲尋銀鎰來往數千

言情詞眞密密北京乞假回南楚相親暱父勞案牘神兒鮮承歡術兒性多朴莽兒言多愚質雖無粉飾心誠哉色難實庭闈侍未多征帆又將適岳麓與燕山萬里路屈詰聚時覺時長離時恨時逼願兒長平安祝父長逢吉美意可延年聚首復有日方成一幅言先下數行泣

聞德人據膠州

中原有客泣新亭聽說狼烽煽柏靈鐵艦乘風來地角羽書連日報天廷徒勞說士當持梃可奈將軍愧挈瓶寸酒牢愁歌代檄江山如夢暮烟靑

津上書懷

打疊行裝萬里游滿天風雪萃寒郵吟詩怕凍狼毫筆對帖頻披鶴氅裘鐵輛磨沙驚客舍銅鑪撥火熱糟邱狂來時舞當階劍老大中原祖豫州

蔣蘭陔孝廉自羅署來京言星弟將至機器局就曾太守昭吉習化學欲其務本庶成有用之才爲詩勉之 戊戌稿

負笈長沙勉服膺仁江義海總師承銷除俗派求眞篇洒濯清懷類潔冰欲學馬翁懲畫虎須隨陳子戒寃蠅聖賢經濟無他事葆合天良道自凝

寄湘中友人

洞庭八月莽秋風立馬金台一望通瀛海無邊寒水滿關山有

路夕陽中思深湖上遲雙鯉盼到天涯有遠鴻記否去年青草
長共攜笠屐放疏篷

秋望

甘露灑和春凉風生勁秋春來百卉喜秋來百卉愁嚴霜摧華
圃寒雪集平疇昔日艷冶場一旦成荒邱登高望松林松林清
且幽豈無霜雪叢孤標盤翠蚪貞幹何矯矯良因骨格遵炎時
既非樂凉時何必憂不作炎凉態堅心萬古留

一雁西北來嗷嗷寡朋侶衆鳥欣有託喃喃弄私語此雁獨高
翔無巢若羈旅四顧何茫然徘徊在中渚幸有太空闊縱橫無
險阻更有意氣豪嚴凝不消沮回視衆凡鳥情形殊楚楚或迎

弋者茲或被庖人烹始知鴻鵠心知幾能善處有時天地淸雲霞共飄舉

寄朱子讀書法與星弟

靑緗一束紫陽書遠寄湘江處士廬經濟文章原一貫修身潔已是根初

君子行

君子防未然避難莫如儉近水毋履氷近山毋行險素絲掛壁間藍紫易相染白圭出匣中塵埃易相玷福兮禍所萌榮兮辱所歛盛名招怨尤得意多讒諂蓮花託秋水不爲泥塗掩桂樹隱岩阿不爲樵者剡君子防未然言行宜自檢

天甯寺送李苾園端棻司寇西戍

橐筆蓬萊三十年春風桃李滿垓埏香山白髮難歸隱趙鼎丹心竟戍邊攬轡尚多憂國淚荷戈爲挂黨人篇莫辭樽酒留荒寺明日觚稜隔暮煙

青蠅謠

夏日正嚴酷青蠅來我堂堂中有白璧毋被青蠅傷黃霾正晦肓青蠅入我室室中有純錦毋與青蠅暱黑白各有色純雜各有姿青蠅一相點姿色總成疑愼哉藏什襲毋令青蠅知

四恨詩京華載筆度落無聊時局關懷百感交集率爾搦管成四恨詩

瀛臺恨

日暮瀛臺水不溫秋風吹葉滿黃門曾無季產扶王室那有安陽護至尊愛國熱心成小夢維新大業託空言不堪月落西鐘下望斷觚稜有杜根

朋黨恨

絳侯多忌賈生狂同室操戈兩兩傷湅水矯汚終過正甘陵獲罪在空談誰憐詔獄生青草忍向蕪城怨夕陽紅白玫瑰花落盡燕臺一眺莽蒼蒼

海疆恨 德人據山東膠州灣俄人據奉天大連灣英人據舟山以圖長江法人據廣南以窺粵東神州陸沈伊於胡底側身四顧感慨係之

海疆風雨亂如麻失所遺民怨永嘉日暮介亭黃草滿 膠州南有介亭水經注故介國也 秋深硇島白旗斜 法人索廣南詔以蘇元春畫界割硇島南島畀之遂溪等縣遺民不忍離中國而附外夷遮元春道泣訴竟不能挽

投鞭江上失天塹採藥遼東歎靡家正望帝閽無處訴廷臣猶進尙陽花

卽墨恨（德人入卽墨孔廟毁仲由目同人憤極會嵩雲草堂聯名上疏請 旨理論下總理衙門議寢其事不報）

卽墨城荒鎖夕曛素王宮外白楡芬衣裳顚倒沙邱炬絲竹銷殘海國雲漫向伊川悲被髮難從魯壁訂奇文庸生郵畔呑聲哭椎血誰輿十字軍（卽墨古有庸生村）

勉星弟（己亥稿）

少壯無多日鬢毛華爾顚及此不努力歲月空推遷世路誰可知立品當聖賢學海無底境器識最爲先持心宜鎭定養氣戒頗偏心靜能照物皎如珠在淵氣和能煦物春來萬象妍一有

粗暴態實爲儒者愆聖賢難驟期愆忒宜早蠲寄爾數行字敬聽毋忽焉

和陸紹淵銓曹輔清同游法源寺看綠牡丹

散碧分黃莫漫誇層層翠萼足繁華香多豈混王芻朵（詩終朝采綠箋綠王芻也）品貴應同相綬斜（隋禮儀志相綬綠）弄影祇宜憑竹檻流光恰好襯蕉紗癡心欲向珠兒問記否唐宮四命加（唐車服志四命以綠）

志韶太史同游驚余髮白誌感

少年勳業竟蹉跎伏案編書鬢漸皤世事多隨棋局換韶華半被墨池磨狂來每作屠鯨想醉裏長吟射虎歌枕畔龍泉騰欲出夜闌星斗自摩挲

同陸紹淵司勳輔清蘇端卿光祿龍恂登西山碧雲寺

打疊游裝一輛車平疇遠眺翠無涯朱輪走日依榆蔭綠野含煙長麥芽古隴萬株松幹老小園四面竹欄斜鶯花送我看山去不負金臺吏隱家

駐馬西山任所之大千爽氣欲攢眉石含氷脉圍靑塔松吐濤聲到碧墀履險豈攀高處木臨空能睹萬家炊夕陽忽送鐘聲晚芳草天涯動客思

萬疊峰巒鎖翠微憑高望不到庭闈蓬飄塞北無人管草長湖南有夢歸鴻雁每遲衡嶽信鱸魚常戀洞庭肥登臨忽動多端感正值春暉未報暉

萬方多事此登臨搔首乾坤放浪吟舉目江山豪氣在側身天地二毛侵雖來佛境幽閒極獨閱神州感慨深四顧蒼茫舒一嘯黃花白酒帶愁斟

野歌行 偕陸吏部輔清關太史冕鈞鍾明府蕚蘇光祿龍恂登西山戒壇檀柘栗園等寺及八大處

我聞名山洞府三十六騷客游仙同寓目又聞太行支幹幾萬幾千里石壁銀房多詭異西山秀出金臺前名是蓬萊第幾天澗崿縱橫離星躔樓臺縹緲五雲聯初登此山頂不覺此山高環顧遠郭近村皆俯首諸峰羅列似兒曹山上何所有松花柏子香堪剖更有盤盜一派泉山腰窈窕作龍吼此山誰主復誰賓但見瑞煙紅日若爲鄰又見山僧野豎無姓名徜徉猜是黃

初平我汲山泉煮山茗滌除滘穢襟懷迴游遍此山過彼山鐘聲若在綠雲間回頭前寺塔一片暮爛斑斜暉照景千山紫騣策騑筵當趁此在昔我聞達者言嘗云人生行樂耳一瓢酒一曲詩憑高攬勝君莫辭古來仁人與志士往往登山臨水發幽思君不見羊叔子峴山時

唐沽別母

正望衡湘未遂歸又於海上送慈闈關心燕北憑魚報舉目湖南有雁飛弱女呱呱知戀別小妻默默若無依兒從阿母跟前訴遊子年年要換衣

秋感

攬轡過城闉涼飈吹我衣白日東西升寒鴉左右啼開簾欲望遠但見黃塵飛對景深怫鬱憑高長嘆欷歲埶衆芳草春華秋已希人生無建樹留如朝露晞慷慨對長風坐感元髮衰燕樂無終極聲色匪我思惟恐少壯忽徒遺老大悲

出門何所之馳馬燕臺南今豈無樂毅未遇燕昭王才士輕黃金丈夫志四方登高遠近顧但見河與山鳳皇攬德輝千仞一來翔仁獸感至仁出爲王者祥英豪重義氣委質在帝鄉泚泚盜鼎食能毋愧中腸行歌復坐嘯仗劍生秋霜

偕劉子穌茂才游萬柳堂

微風釀雪凍雲忙束帶披裘問柳堂榾柮滿鑪僧煑茗瓔瓢載

酒客飛觴淡煙曲水圍荒堞古木征塵接女牆聽說益都遺蹟在（舊爲益都相國馮溥別墅）懷思今古感蒼茫

讀漢書偶詠四首

（時友人沈北堂上書劾三凶權貴忌之下沈詔獄并謂沈書係翁常熟授意常熟廢錮家居幾罹不測偶讀漢書因爲四詠）

賈誼

漫把書生閲貴游新書空說治安猷定王臺下幾樓閣風雨瀟瀟泣楚囚

劉向

鴻寶苑中多秘書點金無計恨何如當時不有陽城戶那得談經到石渠

曹褒

議禮原爲天子責羽林章句亦輕狂尙書太尉兩封入道不行
兮空斷腸

鄭元

南北傳經三十年如何名挂黨人篇先生若赴司農召不及東
萊耕硯田

雪後讀通書

兀坐挑鐙寒未眠孔顏樂處任盤旋通書一卷讀方畢雪滿窮
廬月滿天

陶然亭題壁

澄潭濯劍晚登樓舉目中原刼未休十丈塵砂團葦海八千風

月付茶甌操戈入室憐牛李泛酒長途學馬周四顧江山成一笑夕陽帘影任勾留

日暮偕蕭漱雲榮爵太史登陶然亭庚子稿

落日微風傍晩天登高一覽各陶然千門萬戶總春色近水遠山銜暮煙蘆筍如秧圍郭外桃花和柳繞窗前山僧也解高人樂爲我烹茶洗道茎

首夏偕蕭漱雲榮爵太史陸紹淵輔清吏部蔡萃生桐昌比部游蓮花池

風流合擬小遊仙憑眺江山景物妍三徑草痕聯葦海滿階花氣颺茶煙斜陽半角鳥喧樹流水一灣人弄船萬象空明歸俯

仰漫因飛躍悟天淵

小塘曲水共徘徊萬柄芙渠嫩未開南澗尋芳無俗抱西山採藥有淸才二句用陸機事高吟震谷蕭恭父短鬢臨風蔡伯喈我獨拈花作微笑天光雲影盪胸來

感事

秉國何人百政乖中原從此禍無涯忽傳白旆搖津海忍覩紅巾集洛街縱火殘民新刼運譚神說怪古齊諧回天無力慚君父淚灑銅駝空感懷

封事

赤眉寒大路碧血流平川舊日繁華市蕭條生野煙有官難避

地無力可回天杖策獻　明聖還期得轉圜

感懷

乾坤墋黷歎如何斬木吹脣備執戈徒見和戎譏魏絳未聞建閫得廉頗北門待詔衣冠寂東觀趨朝險阻多（兵攻東交民巷天安門內外時有鎗砲縱橫內閣中書顧芳値班足中飛彈）太息兩衙龍武將防邊無力慣蹉跎

哭許竹篔侍郎（景澄）袁爽秋京卿（昶）

風砂萬里撲長安滿道紅巾搆國難痛哭莫回天下事斷頭柴市血光寒噫嘻乎悲哉君何不擲朝天笏扁舟歸釣西湖月君何不擔內翰瓢匹馬來觀東浙潮君何不學袞袞諸公長結舌貂裘鼎食藏頑拙君何不看泚泚小子慣貪功上書保賊媚王

公人愛湖山君愛國可憐七尺埋燕北人無言君大言可憐千古訟奇寃人保賊君擊賊可憐熱血化碧色我聞屈原諫楚荊憔悴江潭發些聲又聞椒山諫有明枷鎖風吹香滿城君今三表驚朝亡欲破妖氛逐狐兎噫嘻乎悲哉百萬生靈奈爾何萬國空傳攜手語（拳匪肇亂時上攜景澄手泣曰朕一人一家不足惜奈百萬生靈何）

聞警

開府哥舒潰夷歌逼禁城蟲沙悲戰士鼠竄泣編氓陶澤三軍將揚州四鎮兵刺闖傳羽檄風鶴總堪驚

閔厄吟

鎗歷歷兮砲隆隆望城樓兮烽火紅君遠出兮關之東君何時

出兮臣不知臣知君出兮寸心馳豺狼遮道兮去何之臣哭荒郊兮君不聞君苦道途兮臣未分君不負臣兮臣負君皇天高高兮后土芒芒遼水浩浩兮燕山蒼蒼我國無君兮我心皇皇

哀王孫

王孫王孫何所之家離國破身依誰晝聞苦熱夜苦雨兩足躄躄安能支可憐妻子皆幼弱日無飲食恒啼饑亂兵紛紛恣殺掠行路來往皆可危扶妻抱子當道哭王孫王孫空自悲行人相見問姓名但言京城困苦兒吁嗟道旁困苦者盡是豪門金玉姿祇今漂泊干戈際餐風宿露無人知荒郊日落牛羊下王孫王孫何所之

行至高麗營昌平州屬農家劉滙川名山留寓

燕關搔首正酸辛止宿欣逢古丈人麥飯一簞堪適口茆簷半座足容身談心識我沿途苦露肘憐余兩袖塵話到國門烽火滿山中哭倒葛天民

高麗營旅感

無端烽火繞燕平有客天涯泣遠征碧血滿途新戰地黃沙萬里古長城寒鐙夜雨孤臣淚絕塞秋風客子情身世感懷拚一慟乾坤何處踏歌行

風雨瀟瀟鎖北燕可憐鑾輅正西遷紅塵十丈天涯路黃草千山古塞煙殿宇蕭條羈戰馬江潭寂寞咽寒蟬書生無策匡時

局空唱式微中露篇

秋來煙水繞湘羅幾度思兒奈遠何破國有聞空涕淚還家無計悔蹉跎長途荊棘音書隔世事滄桑變幻多睡後不知湖海險夢魂夜夜洞庭過

秋聲茆店渺茫茫擊筑窮途百恨長呂祿專兵終誤國鬻拳强諫竟罹殃西征社稷唐天寶南渡江山宋靖康君父聖明臣憤劣可憐白骨滿燕疆

自高麗營回京

風塵拂面步遲遲化鶴歸來萬事悲舊日堂堂丞相府於今高插順民旗

自高麗營回遇友人

布衫殘破盡塵埃瘦骨蹣姍認復猜對面相逢翻一淚兩人都是再生來

春明竹枝詞

赤雲紅日照河沿有客青衫河上眠道是儂家新被火團民又索買香錢五月二十日團民燒正陽門一帶二千餘家北京精華盡成瓦礫商民無房住張幕圍蓆住西河沿諸曠地見者愴然

官軍十萬集燕臺靜掩柴扉不敢開忽報東鄰纔被掠西鄰又有亂兵來

玉署金屏盡戰場可憐輦下集欃槍街頭何處僵尸血道是城樓亂礮傷

官衙車馬太蕭條著得朝衫怕上朝不怕滿城飛礮火拳民露刃守天橋以上七月二十日前景況

忽傳鐵騎過楊村礮雨飛空欲斷魂一縷蒼煙似前月洋兵又火正陽門正陽門城樓五月二十日爲團民所燬七月洋兵入京又燒燬其第二層樓

誰家綠鬢小嬋娟錦繡弓鞋時樣裝曳杖城壕行不得纖纖拔地出砂場

託身荆棘總無聊阮客行囊銅盡銷莫笑沿街屠估叟半從臺省弭金貂

買得蔬根供早餐秋風冷落日光寒勸君莫走長安市苦力聲聲喚未闌洋兵拏人作賤工叫曰苦力以上七月二十後景況

、訪法源寺僧有感唐憫忠寺貞觀間憫征遼戰亡士卒建宋徽宗北狩即羈於此明曰崇福 國朝曰法源

飄蕭落葉打平臺光景流連百感來豐草幾時埋戰骨名花長自吐奇胎八千里外孤臣淚五百年前舊刼灰殘日晚鐘人寂寞風鑪篝火試茶杯

、重九訪陶然亭僧

日暮上臺榭西風吹落花呼僧話時事一語一咨嗟言自五月來妖孽集京華紅巾黃巾到殺人如蓬麻初猶爇民屋繼則焚官衙歌舞變灰燼玉帛成泥沙七月洋兵至城中烽火賒夷歌左右起戎騎東西譁遊人久不到老僧亦出家出門何所見古堞鳴寒鴉入門何所聞荒城咽暮笳言罷忽痛哭血淚濕袈裟

我聞長嘆息忉愴蔑以加西欲望長安蒼茫雲樹遮南欲望湘
楚煙波湖海遐舊日題餻伴回首各天涯登高四面顧但見夕
陽斜皇天自高明后土自閎呀遼水自淒清燕山自谽谺對景
感家國心緒何紛拏僧房風物靜白露滴蒹葭

出國吟

控轡出國門搔首重咨嗟
祖宗二百年厚澤彌天涯
君誠中興主自强志願奢誰與輔國鈞弄權任羣邪可憐
大清門砰訇走戎車揮涕望
九廟

皇靈猶未遐如何拜獻廷一旦飛征砂大屋化焦土中原橫長蛇嗟予遘離亂漂泊在京華慷慨賦西征委身許國家出國復戀國萬緒殊紛拏天寒道路長搔首重咨嗟

八里橋（李督師秉衡本年殉難於此見文集李秉衡傳）

西風吹葉打紅橋碧血塗原恨未銷戰伐幾經人散盡沙場鐵騎鳴蕭蕭

通州

人家寂寞暗炊煙一炬荒城最可憐玉米黃蕪民未穫飛砂落木莽江天

潞河

秋水寒霜冷潞河河邊茆舍夕陽多蒼茫一望寂煙火都市無人有雀羅

窩頭

片帆搖曳泊窩頭江月涵空照客舟兩岸蒼涼少人語但看兵火爇沙洲

楊村

十年繁盛憶楊村紅板橋邊士女喧近水人家茶荈熱賣餻院落竈煤溫黃巾起後純風息練甲來時戰馬屯烏烏未知人寂寞故依枯木鬧黃昏

過北倉哭裕壽山祿年丈

廿年勳業在封疆父子同心託國殤戰骨未寒城又破空留熱血灑沙場

天津

天津關外市聲稠兵燹經過刼漸休一片降旗懸六國紅橋閒望不勝愁

舟中晚眺

萬瓦蒼黃映落暉水邊村舍晚鴉飛蘆花岸脚人爭渡知是村民避難歸

唐沽

海門藍蔚咽寒潮舊壘荒涼靖斗刁可惜津沽天塹險於今鐵

艦任飄搖

渡海吟

海洲萬里浩茫茫西聯歐美東扶桑中間地輿環百國載瞻南北極冰洋堯時洪水滔天下黔首爲魚誰障防英雄神禹導九瀆河爲支目海爲綱南條北條有歸宿九州從此得平康自堯至今四千載五洲互市爭梯航鑿空飛來蘇彝士乘風搖曳破洪浪中原貧弱苦鼎沸坐看四海集欃槍吁嗟兮尼父浮海逞悲憤仲連蹈海稱豪强男兒隨波無建樹不及罡罘萬古猶蒼蒼

上海

淞門萬里擁寒潮翠袖紅裙壓六朝一自京門殘破後舞欄歌榭也蕭條

渡江吟

揚子江三千里合羣流匯衆水東浙西湖噴汐潮荆湘洋洋皆過此淞門藍蔚含雲煙北通瀛海南吸百川金焦上游渺一拳小姑獨立何蒼然我今揚帆破巨浪銀濤萬派供淸望風伯送檣馮夷扶舫憑欄一瞻江山雄壯自來王氣鍾金陵英雄割據彼亡此興三國之後六朝繼一線長江戰血凝興朝圖版大一統萬國梯航納天供四十年來歎陸沈神州板蕩蠻夸縱今年西北苦干戈

天子蒙塵詔講和半壁東南賴安靜乘風艫舳浮淸何吁嗟兮中原誰爲祖士雅擊楫中流哭逝波

洞庭

八百平湖卅六灣靑煙一點是君山湘君識我歸心切滿棹西風送客還

湘陰覲親

自別湘陰署今看一棹旋江山經百刼風雨隔三年舊夢徵南浦新愁話北燕那堪三白髮悲喜淚潸然

胡守戎苦戰失足歌 胡守戎錫吉湖南人左文襄舊部甲午與日本戰於牛莊主將戰斃胡奪屍苦戰中飛礮擊去一足醫人續以木步騎如常余至湘陰胡露足索詩爲賦此章

天山蒼蒼遼水綠倭奴忽肆長蛇毒牛莊一役眞遷延萬騎千軍皆敗辱距躍何人負主屍不惜戰血沙場沃榆關萬里裹瘢回忠骨旋同㲋腔續吁嗟兮神州陸沈海禁開袞袞諸公均折足安得健者議中原一脚踢倒歐墨蠹

柏巖詩存卷二

全州趙炳麟竺垣稿

大雪苦寒自湘陰辭親赴 行在

欃槍萬里最艱辛幸到羅陽見老親纔束行囊離北塞又披長劍問西秦舟搖楚水江風冷路出藍橋隴雪新也識關山奔走苦無如天子正蒙塵

漢川即事

艕聲搖曳水雲封樽酒闌珊百感重萬里周游長作客一年容易又殘冬銅駝荆棘騷人淚疋馬關山健者蹤回首樓頭黃鶴影蒼茫暮雪鎖芙蓉

是時吳太史庭芝同由漢赴陝和云

書舫何能擬素封雪窗屏立玉芙蓉羞將短策還支夏剛信繁英不耐冬逐水漁舟安足羨入山樵徑已無蹤誰云日遠長安近迢遞關河百二重

襄河即景

仗劍欲鳴少壯心乾坤搔首任浮沈故宮寂寞傷離黍客路蕭條感暮碪一派寒泉帆影拂滿天細雨角聲侵襄陽自古多豪俠乘興誰爲梁父吟

附吳太史庭芝和韵

潘鬢星星歲月侵蒼茫宦海任浮沈秋風驛路磨輪鐵春雨寒

闈賦藁碪三表未除豪士氣五噫誰識壯夫心側身北望悲何忍又讀屏山七字吟

漢川舟次懷喻志韶太史陸紹淵司勳

澄江一線瀉寒泉細雨斜陽萬里天遙望五陵豪俠伴西山白雪北平煙

客思

放眼天涯雲樹重酒闌無事客愁濃倚門白髮嗟予季對鏡紅顏賦惱儂一枕西風萬里夢兩篙寒雪五更鐘閒持鐵板江東唱九點蒼煙鎖遠峰

流水曲

夜闌更盡月明天晴雪危橋斷岸邊呼友挑鐙啟船牖持盃仗劍聽涓涓一聲兩聲千里萬里放海盈科窮源竟委突如游騎空中來疾似奔牛天外駛淘沙漱石作孤音伯牙信手揮素琴觸堰琤瑽迴一丈好風吹徹松濤響銅琶鐵板大江東寫此眞成天籟工二十五絃彈不盡滋生萬物抵黃宮瀰波浩澤盈天下不滿滄瀛流不罷善哉夫子川上言逝者如斯無晝夜

喜晴

江湖萬里舟雨雪今朝霽獨立望蒼茫日光浮水際

望月

江聲滾滾來月色溶溶夜望月聽江聲魚躍船窗下

望遠

空山浮遠煙斷岸枕寒水殘雪冷枯林斜陽銜故壁我乘一葉舟醉嘯水雲裏乘勢破滄浪仙風吹劍履側耳聽涓涓鏗鏘如綠綺昂首望空明縱横幾萬里百世本須臾盤古詎太始乾坤本一家五洲何分峙人生自有樂怪哉赤松子

看三國志偶詠

秋風三顧襄陽側荊益二州隨手得君何不用常山言策馬虓亭舍北賊舍北 賊下東吳吳可 援不可圖暮年何忘隆中謨

蜀漢昭烈帝

也提義旅戰沙場車駕蕭條下雒陽迎得翠華陷荊棘潛謀神

器託文王託文王鴆帝子漢祚終晉運始帶劍又來司馬氏曹操

父兄百戰據江東淌穢中原健者風祇爲荊州方寸土漫陳天命媚曹雄媚曹雄傾漢世忽稱臣忽稱帝黃鬚小兒眞詭計孫權

襄客四思

尤展成右北平集嘗取詩言我思古人俾無尤兮我思古人實獲我心義撰七思詩余舟次襄河看三國志偶有所思因仿其意爲襄客四思亦發思古之幽情而已

我思忠武侯耕嘯煙霞裏王業不偏安空山定揮指一聲梁父

吟環顧郁炊紫 諸葛武侯

我思龐隱君非無四方志碌碌劉景升安能成大事採藥鹿門還夕陽橫古寺 龐德公

我思司馬公勿數拘墟子車馬不喧門英雄皆倒屣慷慨議中原穹廬環流水 司馬德操

我思徐潁川豪俠無庸根殺仇雪夙恨仗劍輕侯門談笑投時主馬鳴日色暄 徐元直

南郡二名士

王道久不行大難方未艾搔首望中原景運何由泰仁義輯衆心先聲慕豐沛 蒯良

袁驕本無謀貪暴傷宗賊誰據江陵南誰守襄陽北傳檄定八州撫卹原貴德荊越

行弓家磯沙岸安陸北四十里

兩三院落淸溪裏朝有船來暮船止人行沙岸輭無聲北風飄飄吹沙起江邨種竹靑猗猗野桃句芽含翠紫坐依石磴看閒雲炊煙裊裊環流水

襄陽懷古

襄陽城界秦楚鹿門山勢枕寒泉幾朝帆影開江渚流水閒雲繞白沙中有高人耕釣處龐公宅武侯廬英雄故蹟今邱墟我來登高攬形勝天風琅琅吹我裾前不見古人後不見來者蒼

茫四顧空欷歔

過峴山懷羊叔子

襄陽峴首山歷歷鉅平迹四野息征鼙空林挂游屐緩帶倚蒼松輕裘依翠柏我來尋古碑字沒苔痕碧

、登昭明臺在襄陽縣

寒水繞城郭荒臺涵古今炊煙浮近戶帆影出遙岑秦楚列雙睫荊襄羅寸心六朝裙屐散一片白雲深

襄將四思

我思關壯繆疋馬下樊城勢欲吞曹魏名先震楚荊惜哉吳仲子不守討逆盟

我思羊鉅平緩帶輕裘致頑暴小吳王安能敵信義殘碑峴首山讀罷墮人淚

我思杜都督持節鎮襄陽樓船浮漢水指顧平吳疆讀罷春秋傳鹿門夕照蒼

我思岳少保規復竭忠謀今日登高望屯田水尙流痛哉莫須有三字賣神州

新野懷鄧禹

百甯鄧伯華立志在竹帛願仕不願仕何能覊俠客說君攬英雄誠哉中興策

除夕宿南召

去年除夕宦燕臺駿馬貂裘賀歲回繞戶管絃喧十里滿朝冠冕集三台今年除夕客南召盤空石磴馳輿轎萬斛車塵旅館堆一壺村酒寒燈照南懷楚水北長安關塞蕭條行路難醉後起爲豪俠舞夜闌星斗劍光寒

過崆峒 辛丑稿

南望崆峒山古柏含煙紫上有結茆廬疑爲廣成子

汝州詠許由

城西有淸水介石無塵滓彼士箕山來萬乘非所思人生天地間先知覺後知乾坤尙草昧高隱獨何爲洗耳沙洲上毋乃過淸奇

洛儒二思

我思唐司徒長孫無忌獨擔天下任持議立晉王卓然膺顧命休哉
永徽風無殊貞觀盛
我思二程子孔孟寄干城事君有王道講學貴躬行至今五百
年名世當挺生

登龍門山

同登龍門巔獨尋伯禹迹鬼斧與神工八年費開闢磴道盤雲
根空岩吐水脈河聲天外來淘沙浮浪白古佛立蒼茫巍然七
十尺碎碣字模糊藤蘿封紫碧高林掛夕陽彴略橫斷磧遙望
二陵煙藍蔚環郊陌近聽香山泉琴音出石隙行吟百谷應餘

韵鷺芳澤

澠池地屋

鳥道盤空崖中傳人語響俯視不見人煙蘿垂戶上

硤石道

陝州硤石道孤磴如梯懸路狹不盈丈危崖逼兩邊泥塗徑尺深中含磧與磚車行苦凸凹欹側多不前我車本三馬又加三馬牽僕夫催馬上難於上靑天呼號累半日始得登其巔憑高望中州殽函出紫煙豈畏世途險但知努力遄策馬立上頭仙風吹壯鞭

靈寶懷王濬

宏農有名將耀武益粱中樓船來漢北鐵鎖沈江東秦晉多豪俠山川亦踌雄前不見古人玉澗流英風

砥柱山

黄河自西來砥柱立其中獨當萬頃波氣槪何豪雄

題宏農旅舍

萬里西風一劍隨酒闌日暮客心悲可憐鐵騎紛京洛如許銅駝沒漢墀秦晉哀鴻無糴粟幽燕戰馬有輿尸長沙獻策慚疎遠空向天涯作五噫

題函谷關

强秦守函谷亭長入其里天寶築潼關范陽烽火起人情苟不

堅險隘何足恃攻地與攻心請觀尉繚子

俠客行

腰橫靑鋒刀手執素絲鞭殺賊燕市中策馬潼關巓不慕五等封不愛四銖錢感激主人恩馳驅山與川獨立望神州劍光冲九天

過華書懷

我聞楊侯拔劍山中來平逆斬賊烽煙開又聞子儀起兵在西岳兩京規復鑾輿回忠嗣安邊四將印方叔獻策萬夫才我生亦具身七尺長鞭匹馬登崔嵬俯視二萬八千里乾坤混沌多草萊黃河滹滹自東去秦關偏僻飛塵埃松柏委地不能用蔟

藜或作楝樑材鳳凰騏驎遁岩穴鴟鴞駑馬集金台中原荆棘無人翦太華少華皆刼灰安得伯禹爲兄契爲友平成天地綏囏災

咸陽行

策馬登高邱獨立四面顧東望罘罳煙南瞻瓊隯樹西罄流沙源北通軍都路二萬數千里景物何遲暮黃塵飛滿天陘窩無所遇昂首仰虛明中條多雲霧

咸陽二三月桃李爭輝光讌客繁華子珍饌羅西堂朝旦挾趙李夕暮謔謝王一食費萬錢開筵累百觴鴻雁何劬勞哀哀古道旁家人化餓殍子影獨徬徨豈非父母身朝夕無稻粱我欲

仰問天甘苦太不常
長安久不雨曲江無流澤一樹紫丁香當春開沙磧將卒何康娛若鑄劍與戟花下侈聊浪豈慕封侯伯荒疇衍漾歸閒臥東方白
驟首過城閈朱門當道邊庭階繫九馬僕從揮長鞭開門忽大喝朝貴出游田鞭催九馬走塵沙蜚蔽天身披麗密袍坐壓錦繡氈朝夕恐行樂那復知西遷
有士萬里來洞識當時務感激主人情駐馬咸潼路閉門無人知出門無人顧仗劍望中原二華多煙霧徘徊渭水旁遐想姬呂遇

步出咸甯城城邊多烏鵲昔日南內地化爲邱與壑荒草滿上
林土花堆長樂獨彼黃楊樹千年未剝落盛衰有何常敬怠分
强弱天地雖不言人心是眞篇

題湘江游釣圖

昔尤子展成宦京思歸作家在江南楊柳村詩乞同人梅耦長
太史圖之以代臥游炳麟僑居關輔懷戀邱壑勉仿其意爲七
律三章請趙孟雲同年鶴齡代寫湘江游釣圖當與天下逸士展
圖長吟也

家住清湘最上頭春風三五少年游芳園桃李臨沙渚古洞藤
蘿枕石流菽水供親張子樂江湖戀闕范生憂芒鞋箬帽梧桐

舫煙雨蒼茫任去留

家住清湘最上頭青山綠水白沙洲松風淡淡吹琴閣竹露漪漪點石樓紅日書聲童放鶴蒼煙笛唱客騎牛煩君添上一漁父今古江山在釣舟

家住清湘最上頭溪山小隱足春秋一囊熱血三更夢七尺頑軀百斛愁閒採紫芝悲楚漢每歌離黍憫岐周滄江釣罷無他事抱膝長吟學蜀侯

春雨懷人

清風動函谷雨餘多晝涼昔我同心友各在天一方路遠書莫達時囍聚豈常江南草色綠塞北楡莢黄各自感景物能毋戀

故鄉浮雲蔽太空四望徒徜徉

雜感

井陘天險地枕輢趙與燕五臺何巍巍危磴空中縣英雄談用武扼此障秦川如何兵未解巖阻讓人先猛虎入雁門長蛇橫九邊誰執中州政形勢殊茫然

莽莽長安城裴裴富冠蓋輷輷雜丹轂旎旎擁朱旆威威誰家子趫趫侈歡泰若非七貴交定是五侯會有士眞出來視之如輕壒不登武安門不親郭況怵駑馬駕敝車立志在中外豪右何足論一笑乾坤大

搔首登華峰遙望軍都北荆棘滿二陵虎狼盈故國墓木多斧

斤朝士半竄殛自從去年來干戈未休息愚民被犬馬良民苦
殘賊垂涕戀舊京懷愁心惶惑
出自長樂門立馬料關輔黃河從西來滔滔自今古茫茫寡溝
洫年年恨不雨赤地數千里安能事農圃麥稻萎塵埃荊榛長
沙土粒食絕民家糶粟竭天庾水利長廢荒何時見神禹
日光淡金鏡四野皆塵囂嶺嶠多惡莽大江急濁潮中原有佳
木半集鷹與梟憑高望六合草澤鬱寒飆寒飆若不息乾坤將
播搖惆悵何所之東海路逍遙
天風東西來寒暖成春秋納交叔季時酒食藏戈矛對面爲友
朋轉面爲仇讎訂誼須黃金金盡誼隨休昔年車笠盟勢異盟

難修人情務涼薄曷不海外游
車馬何勞勞權門務奔競得勢據要津一蹴躋五命紫綬爲報
施白鏹爲託請恣意欲陵人揚揚氣焰盛士讀萬卷書得失曰
有命度落秦川廬小窗對孤檠琴劍聊自娛安能媚執政
湘源有茆屋流水環階除良田傍桂嶺旱潦皆能鋤門無嚚薄
客家藏利病書吳姬與燕妾巧笑曳輕裾載酒移黃菊臨池賞
綠蕖浮雲障天日英雄思舊廬去去何復戀宗社正邱墟

春游懷陸大

驅馬萬里橋橋邊長芳草擊楫大河濱黃波流浩浩對景戀故
人故人在遠道西山衆綠滋應有游春艭江亭開野棠可曾攜

酒造燕薊虎狼多竭來愼自保何時慶解兵執手數懷抱

寄桂林兄弟

世事於今不可爲田園歸去莫遲疑宦場朋友含沙蜮險路功名被繡犧朝士未平牛李案將軍那有岳韓師桂山巧老湘泉潔願共諸君借一枝

送龍贊侯太史煥綸南游

送君萬里行執手步踥蹀華嶽停黃雲秦樹發綠葉莫惜一樽酒狂醉彈劍鋏世屯猶未康之子偏遠涉江南多美人海上有游俠努力志四方穩擊中流楫

送劉子穌茂才南歸應試子穌名發怡

芳草斜陽繞渭城故人辭我忽南行客中送客尋常事莫唱河梁第二聲

聞君行旆返湘中耆舊應來話雪鴻須記去年戎馬警秋風黃草塞垣東

幾年萍跡滿天涯收拾江山助藻思最好秋來新得意故鄉桂子正香時

老樹郵邊是我家草堂臨水曲欄斜君先為我除三徑遊子來年好種瓜

曲江感秋

昔白樂天每歲有曲江感秋詩大抵感風物不改人事屢

遷余自去年奔赴　行在偶登雁塔忽動秋思成詩四章
以寄感慨

西風殘照滿靑門有客悲秋欲斷魂慟世不勝滄海感登高惟見遠山痕春明舊夢成荊棘湘浦閒愁託蕙蓀彈劍問天天漠漠坐看鴉雀鬧黃昏

去年七月食瓜時車騎蕭條望北馳幾處蕪城明遠賦一囊羸服少陵詩荒郵夜雨征途味遠塞秋風故國思自隔觚稜今改歲那堪回首黍離離

記披長劍赴西安二華遙瞻夕照寒燈火草蟲添客緒短衣匹馬問泥丸河橋郵鼓催人老驛館車塵行路難正是懷歸歸未

得又看白露菊花園

秦中自古帝王州幾度傳冠幾度愁楚漢干戈餘夢影周秦宮闕早墟圻樂游院廢多芳草興慶池荒長古楸百代興亡歸一覽笑題七字曲江頭

和俞適叟錫爵伯鈞編修鴻慶封翁也太年丈重游頖水感賦原韻後封翁卒編修哀毀故見國史孝子傳

甲子推遷又值辛芊芊芹藻豔陽春堂階飲酒歌難老冠帶園橋倍有神此日文星皆後輩當年明月是前身魯宮絲竹猶無恙提唱新聲賴偉人

承家有子豔清時炳炳文章耀陸離賜酒遺親賡燕喜宮袍舞

綵慰烏私從公盡仰先民則啟後羣推舊德遺重向辟廱聽鍾
鼓莫談時事令人悲
龍鬬環球事不平儒林無計掃欃槍一泓頖水猶如昨卌載潢
池幾弄兵景教又聞通嶽麓藏書何處覓蓬瀛遙知天下關懷
叟淚滿靑衫爲舊京
幾年簪筆乏才能讀罷瓊章百感增荊棘傷懷同索靖涓埃未
報愧王曾秋風北塞吟黃草夏雨南山叩紫藤先輩鬚眉淸照
座應培豪傑若雲興

送宗芸師（育仁）改官湖北

十五諷詩書（借用鮑明遠句）猥荷公叔舉（借用潘安仁句公典粵西鄉試麟出公門時麟年十五）謁君桂山阿

授我禮家緒麟文用周禮詁題榜後謁公桂林公敎以禮家言弱冠入承明朝夕親懿矩揮涕話中原瓣香論今古自從去年來同極干戈苦紅巾搆世屯朝士皆失所我覊北寒煙公隔西山雨少陵擔羸服　行在嘗追扈登高望九天峭函雲霧阻騏驥思遠游鳳凰欲高舞仗劍辭秦關驅車適荊楚朝聽寒螿嗁暮聞莎鷄語眷然懷舊京騷首自延佇世難雖未康握符有明主行將徵召還遇合慶姬呂

旅感

孤鐙夜雨夢闌珊起索龍泉信手彈正是旅懷無處寄又聽絡緯下西欄

黃金華髮半消磨閒向長安踏踏歌驀地西風吹笛到聲聲觸

起客愁多
學劍不成同項羽上書無補似王通猶餘兩袖英雄淚灑到天
涯滴滴紅
咸陽六月雨如絲半載韶光一箭馳賴有新詩三百首半吟山
水半傷時

秋碪（時由西安行在歸省 先君於常甯 先君試諸生以秋碪秋雁命題命麟擬二首爲諸生式）

新婦磯邊雁影斜蘋風如水送寒笳蓬飄塞北遲閨夢木落淮
南響鈿車蘇錦有情憐竇守蜀牋無字寄秦嘉年年離別聲聲
怨紅樹孤邨憶若耶（方干桐詩紅樹孤邨遙夜碪）
秋聲斷續蓼洲前滿地月明萬里天（薛能詩滿地月明何處碪）閒綻苔衣催蟋蟀

顧兄詩苔衣上閒階蟋蟀催寒礁偶隨藥杵和蛩蟬陸游詩藥杵聲寒續暮砧絳雲閣裏遲鍼線白帝城頭助管絃莫使風吹過江去揚州愁老杜樊川

秋雁

西風吹響落平沙萬里秋聲感歲華高啟詩秋聲萬里隨征雁紅葉山頭寒氣急宗伯仁詩紅葉已霜天欲雁又王武陵詩寒氣急催遙塞雁白蘋江上客心賒古詞白蘋江冷度飛鴻又錢起詩客心湖上雁舊京寂寞黃花冷張良臣詩平地黃花看新雁風煙愁煞舊京人鄉夢闌珊紫塞遐楊巨源詩夢中鄉信驚秋雁又薩都刺詩紫塞秋風初度雁閒向長亭杯酒聽一簾涼月映蒹葭武元衡詩長亭叫月新秋雁杜荀鶴詩蒹葭月冷時聞雁蘆花水冷鏡湖秋陳允平詩蘆花雙過雁陸游詩鏡湖夜半聞新雁塞上殘星點戍樓北渚三更吹笛和劉長卿詩北渚三更聞過雁南雲千里抱琴游王初書秋詩千里南雲度塞鴻劉禹錫詩抱琴開望送歸鴻樵歸梁院何人見傅若金詩梁院樵歸見斷鴻影掠衡陽認爪留寄語長風好吹送

莫將清響殢汀洲

慰劉子和茂才下第秋病

赤水明珠又寂沈鯉魚風起曉涼侵雲中烽火驚王粲日下才名失杜欽萬里春愁廣武歎一簾秋病茂陵心劉蕡珍重山中藥甫里寬閒好放吟

自題長安走馬圖

疋馬長安路天風吹我襟時爲廣武歎間憶秣陵吟冠劍紅塵老衣帢白社侵樂游園上去無限過秦心

柏巖詩存卷三

全州趙炳麟竺垣稿

衡居感事用王漁洋秋柳韵（壬寅稿）

自　行在歸衡山忽忽數月矣壬寅之春馬首欲北衡南諸名士餞我於衡嶽之旁話古談今百感交集歸成七律四首

閒居何事最銷魂獨立衡山望薊門四鎭蟲沙空雨泣（李秉衡節制四鎭一敗塗地）二陵檜柏著霜痕（東陵西陵祭祀久虛）西平謁駕饒深策（文悌諫阻回鑾賴某邸奔赴河南力請反蹕以定人心）北塞流民賸幾村（東三省爲俄蹂躪今尙未定）王樸又聞新拜將賈莊前事莫重論（庚子之變張春發陳澤霖諸軍見敵卽潰所過擄掠姦淫甚於賊盜此皆余親見者今張春發陳澤霖皆起用張尤奪情將兵）

蒹葭水冷露爲霜一抹浮雲蔽玉塘海上孫恩喧草澤朝中呂

祿富倉箱將軍耀武空思岳相國臨邊又姓王日暮觚稜冠蓋寂蒼涼莫問舊鷹坊（元史武宗紀至大元年二月立鷹坊爲仁虞院劉侗帝京景物略仁虞院即今南海子鷹坊即今南海子中之晾鷹臺）

十載承明侍袞衣金臺氣象逐年非和戎廣武封侯晚愛客平原國士稀九塞愁聞千騎擁三橋又見六龍飛蕭王未忘蕪亭粥正位鄗（叶郊）南志莫違

盧龍北望最堪憐寂寞關河滯晚煙上堵有吟空涕淚平陵無曲記纏綿名流白社讖前事大獄黃門憶隔年郤怪奇峯七十二峯峯含恨到眉邊

題曹謹堂先生（馴）梅鶴圖

謹堂先生官翰林以文字擅名丙子假歸掌教桂林秀峯

書院自號味易山人巖棲谷隱澹於聲利年五十四欽州林小山老人爲畫小像穿藍布袍著紅圓履立林麓間蕭然物外天趣自適永福李次星先生補景爲畫梅二株鶴三隻曰梅鶴圖寓隱逸意題者數百人余自　行在歸衡山其子伯福大令臻屬余題詠爲七律二首

眞逸先生別有村梅花蘂藥讀書墩瑯琊字畫銀鉤擅海岳文章玉軸尊笑指翔鴻辭聘召閒攜野鶴弄琴罇知君不愧陶貞白曾挂朝冠神武門

熟尋雲水縱閒游借用曹唐句作起　瀟灑衣幍第一流夜雨西湖君復舫春風南郡季長樓侍中典禮尊山斗朝散家聲重海陬子弟皆

賢賓從美一生清福幾生修

與諸子游法源寺感賦 壬寅稿

城闕蕭條鎖暮煙野花菸邑夕陽天江山已破風流寂臺榭猶存世事遷漢代宮儀難再復秦餘人物有誰憐老僧不解神州事徒自烹茶說往年

哭陸紹淵司勳

涼飇吹槐雨景象何蕭蕭故人歸重泉眷言百感觸憶昔壬辰春與君賡伐木順志如塤篪偕心若琴筑後復同朝籍聲氣益敦穆西山開綠屏與君訪林麓白塔挂夕陽與君展詩讀江亭賞野棠古寺尋佳菊烹茶說古今載酒論心腹迄於庚子秋京

饑苦刼戮與君走北平鋒煙悲滿目邊關風如刺單衫同瑟縮荒村屋似舟茅店同棲宿君家及我家饑寒同困蹙旋同歸京師虎狼猶逐逐我趨　行在所臨岐淚盈掬去年　龍馭迴再見歡彌篤重說經過事稍能舒蘊慉翦燈話未闌君逝何太速白髮尚在堂黃童賴撫育君何一不戀凋謝歸山谷笑言在耳邊幽明隔瞬倏元伯竟行矣不復共寒燠悽其范巨卿攬轡空號哭

重登西山

昔年登西山四顧欣然喜野樹鬱葱芊山花垂檐旎松間挂夕陽石罅瀉流水梵宮何苕苕宏規方大起古佛何亭亭香花爭

禱祀游朋四五人飄然若仙子騎驢問酒家坐石談前史時雖黨禍興驅逐幾朝士京門尙殷昌近甸亦安敉諸君恣聊浪曠物同炊爨獨有趙西安登高感不已（已亥與關太史冕鈞陸司勳輔淸等游西山諸君流連光景余感懷世事至於泣下故爾時游山詩第四首云雖來佛境幽問極獨闕神州感慨深）今年登西山山形亦猶是天高秋色寒黃葉滿山阯懸磴曉經霜溓溓滑如砥攝屐上嶜岑西風吹笠履感事復懷人忽焉淚如洗士龍擅詞筆不幸短命死（謂陸紹淵司勳）香岩在海隅迢迢五千里（謂關伯衡太史）廷碩篤孝行桂管任覊止（謂蘇端卿光祿）仲偉事斗升出爲五羊仕（謂鍾蘭友大令）昔年游山伴惟我在京邸遍訪舊時蹤紅塵盈屐齒幽深壁摩崖零落成戰壘（壁摩崖西山名寺也自拳匪變起焚燬名跡舊日禪林可憐焦土）磥磥碧雲塔素磚多摧圮（碧雲寺西山旁名寺也）檀柘寺猶存蕭條非

昔比老僧見我來烹茶話原委言自庚子夏國民禍方始左右皆紅巾戮人堆崗巃恐有異教藏搜索窮山址日夜聞殺聲令人肝膽褫旋聞西兵到國門已焚燬亂民竄無蹤夷騎紛至矣至則掠人財苦力聲聲佹（洋兵拏人作賤工叫曰苦力）居人盡散離老僧亦遷徙饑不得糲糠倦祇臥荆棘半載困刀兵忽聞和議起去年鑾輅迴蕩掃及奸宄近畿稍密清禪宮得經理言能太息三脈脈憤且恥我聞長欷歔於邑方寸裏回憶三年來空蹈中原軌當初西幸時　皇帝在貫市（昌平州屬）我欲赴　君前流落沙河涘虎狼橫道塗烽火滿城雉

君駕不可追走向北平駛兩足少完膚空腸同無脊荒村八月

寒羸服不掩體買車走 行在 天顏瞻尺咫斯時秦正饑哀
鴻滿鄰時民無一粥餐餓倒集蟲螘朝臣堆黃金座客曳珠履
朝旦宴謝王日暮謔趙李小臣難回天徒聞痛哭耳祗望六龍
迴君臣戒委靡奮發竪新猷懷惠及遠邇 君娩宣王賢臣繼
方叔美執鏡照八方負屛叙百揆內外均燮諧吾民庶有豸自
從去年冬迴鑾又一祀六府尙未修萬幾仍廢弛英豪遁田野
不聞供器使國債積如山何由賚償抵鬻爵卅萬人宦場壟斷
似吏治無循良民怨次骨髓孫恩伏海疆盧循隱郊鄙外患猶
未闌內憂難終弭搔首望神州大難伊胡底良友苦仳離世事
又如此憑高四面顧百感觸吾視遼河自瀰湟太行自岌義地

脈從東來有泰即有否泰否何自分大小來往爾　聖祖
高宗時憂勤絕邪侈吐哺求賢才垂裳先正已用人公無私王
道直如矢四民有餘財羣雄任策箠殊方皆入貢海內盡恩被
雍容作頌聲昊天降福祉迄於道咸時伯麥來犄犄將軍愧挈
瓶宰相慣緘庋三邊擁長蛇九塞橫封豕自從甲午來樽俎更
難恃鄰邦愈憍蹇國本日危阽我生何不辰孑然居末紀江山
雖有情身世難自儗泥潞江碄碄喜瑪泉瀰瀰遙觀永定河此
間差可擬日暮向戒壇（戒壇寺離檀柘寺十餘里皆西山名寺）鐘聲出嵎嶇懷愁夜不
眠起看月斜倚晨光尚熹微策馬整歸趾歸賦游山詩漫寫雲
藍紙

送汪鞏庵徵士鸞翔之湖北癸卯稿

鞏安徵士余辛卯同年友也辛卯少年登第者四人余及吳友竹兆梅均十五鞏安十七龍贊侯朝翊十九時桂林有四少之目鞏安薄科舉精擘算化學光緒癸卯張制軍之洞保薦特科入都應制不第張制軍聘爲湖北格致教習

送君長劍作南游勒馬金臺萬里秋世事已成反招隱著書何以慰窮愁眼中幾度薔薇戰別後毋忘桃李投同學少年今漸老莫辭尊酒爲勾留

同鞏庵游天甯寺

一塔蒼然夕照明塔前落木作秋聲登高望海三山遠話古憑欄一盞清此地昔年經刼火吾儕今日又巡行開襟不勝仲宣歎海表孫盧尚弄兵時廣西柳慶諸郡爲匪黨陳阿秋李八諸股蹂躪民不聊生與聾庵談及太息久之

詠杜根爲吳君遂比部作

亮節驚人社潁川元初一表共流傳縑囊盛出今何在牢落宜城十五年

酒樓題壁時局日非而京都世家猶樂聲伎感而題一律

江亭細雨菊花天有客風流對管絃公子烏衣詞踏踏美人紅袖舞娟娟維揚樂府龍舟曲京雒新聲燕子箋知否遼陽消息惡倭奴齊唱凱歌旋

讀西史偶詠

薔薇黨禍

王道苟陵夷羣雄務角逐勝者爲帝王敗者成誅戮勝敗無常情雲雨互翻覆颷紛百廿年乾坤苦慘黷至今三島中戰血盈山谷

西門底蒙達夫特英國憲法學者

强鄰正虎眈王位又不一人心如團沙國利空外溢明哉西門氏獨成國會律君權不下移民艱必保恤我讀大憲章知君治平術

甘德司敦英國自由黨魁 狄司賴理英國保守黨魁

甘氏主自由狄氏主保守二黨相爭持英倫終殷富良由知有國宗旨皆不謬彼進此則退各視其領袖事蹟雖萬殊愛國同一穀豈若模稜人隨勢爲去就知獨不知羣膠膠如逐臭既無眞維新那有眞守舊萬幾墮隱微國敗誰能救

西伯利亞

莽莽東方輿眈眈西帝欲自從伊萬來漸肆長蛇毒起兵阿斯脫風潮及鴨綠嗟予舊滿珠年年苦蠻觸誰結同盟會共保和平局

民會

中宸廈不一基蓝數育物類有物卽有爭惟人獨黠智合羣以保

羣是爲天演例始以羣敵物繼以羣制治以羣禦異族以羣保已利是以政治家無不重民會予言恐無徵盍觀德意志

政黨團結

君子有朋黨小人無朋黨六一居士言中外理不爽我觀瀛海表豪傑氣俶儻黨派雖紛歧皆有社會想毀人非擠排譽人非標榜公理學昌明團體眞可仰

月格孥戰端

敎以知後知何分新與舊自有新舊分百年互戰鬪名曰爭平權實則開禍竇可憐巴黎城血腥染甲冑

十字軍

圓靈誕衆生種類本不一東西既異區政教難齊壹盟約不可
憑蹌蹌逞權力趲趲突厥鋒旭旭誠鮮敵馸馸若雷奔炎炎如
電疾虐彼西教徒酷醯弗撫卹激爾羅馬族憤氣殷殷溢大會
古勒門同盡國民職聿皇事戎馬轠轤無暇逸前仆後又興百
年未休息時勢造英雄民多武健質熱誠終不沬精神百倍出
至今尚武風留遺自當日

民族主義

西哲最要言國者民之國更有一治箴政爲國民立是以國民
事應由民組織我觀百年前政以民爲則謂之安民律又謂自
由策至今權利表實建萬國極

民族帝國主義

國力相比較强弱遂分明苟無進取力卽無保守衡鎖港固非策交通順物情拓地以保地殖氓以安氓民必爲君用君必重民生君民同一鵠衆志自成城是以舉國中農商卽正兵

重商主義

先民最謬言商人爲末務壟斷卽賤夫鄙之勿保護豈知土貨銷農產自流布商之與農工一脈相貫注是以西方人重商國本固哥巴誠賢相限制令先著格林亦偉人航海條例具或撰貿易論或詳用財度或以衆志成或以公力助或設比較場或立共產處往者如雲興來者如景附觚棱鬭奇巧駭舉天下慕

貨殖互遷引槩繆利贏裕約氏平準書立言誠不誤

農桑不逮

先王垂大卞立國重農桑農桑苟蕪廢民物皆蕭荒西人中古時擾擾失王綱戰事苦蹈藉執戈赴沙場農桑既失業遑能事工商西史謂此時黑暗無明光所以經濟家毋忘耕與蠶

共和政治萬歲

西史所大書共和政萬歲觀其立法權無非代議制賢士定政策決於相與帝法律所實行包含有二義其一曰權限其一曰保衛暴君與暴民兩兩防流弊義務與責任井井有分際上下同一心斯爲治平世

崇效寺觀牡丹 甲辰稿

春明三月雨兼晴又向長安攬衆英獨立霜臺成小隱（邵雍牡丹詩霜臺何處得奇葩分送天津小隱家）飛來瓊島總浮名南强北勝叅天演（南漢人誇嶺海之强北使至遺茉莉曰是小南强及劉鋹面縛到北見牡丹大駭北人曰是大北勝）魏紫姚黃任物情遺事莫談天寶歲舉朝今復唱清平

即事（日俄東三省之役也）

舊說蠕蠕種炎炎莫與京忽傳熊野族（日本孝靈時徐福率男女三千人來居熊野浦日本敎化從此遂開）能破獨羅兵（隋書獨洛河北伊吾以西焉耆之北金山西康國北得疑海東拂菻東北海南族姓雖殊通謂之鐵勒今皆屬俄羅斯洛通作羅）旭日櫻花國（日本武道士彼都人士大半以太和魂呼之文學士或以櫻花旭日謂之國民尙武之精神如櫻花照耀如旭日方升也）寒砂碎葉城（唐書地理志焉耆都督府有碎葉城按唐碎葉川亦曰素葉水在伊麗河西今伊犂也俄人在伊犂設重鎭光緒甲辰日本艦隊攻伊犂俄人畏之）鰥生何所念太

武此專征聖祖時敗俄羅斯兵逐至雅克薩城

贈余洞臣鼎辛同年

接席連輿夏復秋西窗剪燭話神州紛紛世局悲爭鹿袞袞人才盡沐猴日下少年朝走馬天邊游俠夜彈鈎班生更有籌邊策白面談兵薄九侯

題胡漱唐同年思敬庚子記事詩

蒼涼世事付悲歌讀未終篇感慨多景定詩章須鐵匣中原紀載續荆駝蘆間有集江山破堵上行吟涕淚過最是吾儕當記念倉皇車駕幸滹沱

讀史偶詠乙巳稿至是年六月止

太武雄風舊擅名柔然吐款白蘭盟可憐鑾輅東遷後文弱相傳百患生

風流八友妙詞牋瀟灑王孫解好賢似說鷄籠山上去賓朋羃屐競翩翩

徽徽朝士滿都堂盡向中書門下忙知否宮中高力士一言能進李平章

縣鼓毋敲丞相堂慊慊石上春黃粱時人豔說開西邸金紫班班滿洛陽

神都百爾太和衷鳳閣鸞臺俯首同一自褚韓流徙後朝陽幾

見鳳鳴桐
金粉江山半壁傳徵歌選舞太平年朝臣那管揚州破猶有閒
情燕子箋

題劉幼雲前輩 廷琛 潛樓

欲訪廬山避世賢神州何處有林泉孤忠共賸青衫淚小隱猶
參黃蘗禪萬里江天彭澤水一樓風景虎溪煙山中若遇陶貞
白神武衣冠話眼前

寒衣曲 丙午十二月作中間年餘以 柳溪公去世輟吟

烏烏飛鳴東方白封事趨朝寒氣迫呼妻索我禦寒衣破絮垂
垂鶉百結老妻笑我太僕僕此衣敝靡胡勿易我未開言雙淚

流此是嚴親手遺澤憶自湘陰赴　行在歲事將闌天正雪湖邊弋者多鴨絨綴絨爲衣勝狐腋父曰兒寒道路長爲爾縫衣壯行色著衣一拜忽忽去楚水秦山兩分別東西南北十年來定省何曾盡朝夕容顔在目言在耳父骨已寒兒衣裂一生忠孝兩有虧回首春暉等駒隙天可補兮海可田此衣此憾無終極嗚呼此衣此憾無終極

送劉仲良守徽州 丁未稿

僕京居十餘年性拙無所得友近喜得兩人一廬山劉幼雲 延琛 一靜海劉仲良 汝驥 幼雲客夏提學陝西仲良今又出守河梁一別不覺百感之環萌也爲五言古風一首

余喜得兩友南劉與北劉南劉富文學嘉藻尊孔周北劉重節義論事輕王侯矯矯歲寒松不隨衆綠柔澹澹清江泉不爲濁海流鄙人性黔淺子焉寡侶儔納交冠蓋中喜君意氣投芝朮結其芳蘭蕙同其幽寒暑共情話相得歡綢繆何期苦仳別轉瞬各一陬南劉已西去北劉又南游攜手送君行君行我尙留一鶴空中鳴友聲何處求獨立四面顧日暮天悠悠

再送劉仲良出守徽州

一麾朱季出臨淮誰識吾曹忠讜懷從此中朝少鷹隼會看當路集狼豺拾遺不共聽金鑰戀闕應當夢玉階好去南方營一地他年約共結茅齋

送趙芝蓀啟霖年丈罷職歸湘潭

神州莽莽陸沈日樽酒偕君擊筑歌報國文章皆熱淚臣心皎潔託清波豈容西邸盈蕭沈忍使東方屬尹何一表未能同罷退立朝終覺愧君多

和成子蕃昌侍御移居詩原韻

雪晴燕郊射虎天高歌同倚白雲邊羨君聚處依三輔恨我離家動隔年白髮未謀升斗養青山久客菊松緣何時得遂田園樂抱膝江頭誦道篇

京居客感

迷離鄉夢亂如絲沈醉東風酒一巵大地於今皆泡影長安自

古似彈棊百年世事青衫淚一點禪心黃蘗知來日是非渾莫管銜杯權賦草堂詩

附張中丞鳴岐和韻

無何日飲問袁絲消遣離愁借酒巵夢裏鈞天張廣樂局中奇刼鬭殘棊蒓羹味好能無憶勁草風寒會見知事倘可爲君實勉梓叢漫賦小山詩

雪中寄懷趙芷孫侍御

昨宵天集霰今朝氷雪霏肆目渺無極眷言我心悲舊日盍簪友各在天一涯登高望四海但見黃塵飛吾道竟孤寂蒼生何所歸寄語山中人珍重九光芝昔聞河汾叟曾爲王佐師丈夫

抱義心蘇世會有時佇立神州域纒綿勞我思

省親長沙偕趙芷蓀侍御唐星航太史登嶽麓峯頂戊申稿

勝境須尋山上山與君努力共躋攀舉頭四顧天空闊身似白雲任往還

自長沙還朝洞庭舟中望西湖口占

廿載萍蹤滯玉京每乘一葉傍山行平生第一傷心事緩至南洲十日程南洲在洞庭湖西　先君官此廳病中風　麟聞電馳回　先君去世十日矣

胡漱唐思敬崇立夫與兩侍御秦顯庭樹忠內翰同出居庸關登長城

結伴出居庸流連龍闕處江山眇如拳興亡歷幾許同登長城

巔摩挲秦基礎白石經雪霜巍然峙孤岠閎惜人與財築此爲險阻匹夫輟耕嘆天下無安所長城鬱嵯峨不能戹漢楚可憐阿房宮倉皇付一炬我笑祖龍愚那知遺統緒善哉孟老言保民莫能禦

觀德殿行百日禮哭　德宗景皇帝 己酉稿

歲在己酉二月初鼎湖寂寥今百日義軒來往留如梭素衣拜罷淚紛溢嗚呼　先帝神武姿合當禔福熙庶績嗟哉蒼穹道不常普天無計留　鑾蹕憶昔華域氾洪流狂飆扇海波濤颶甲申方款佛蘭西甲午又看倭寇出割越割臺窺伺韓祖　宗藩服皆分析嗚呼　先帝堯舜心欲救中原建皇極丹

霄延士策中興殿壁時聞揭無逸戊年過去即庚年紅巾北來禍彌熾萬國空傳携手詞一人一家不足恤 庚子拳匪大起召見廷臣 德宗携許景澄手泣曰朕一人一家不足恤如百萬生靈何各國報紙喧傳之 倉皇車騎幸滹沱賴 帝廟謨得終吉 庚子六月 德宗以釁端大開痛哭請於 孝欽顯皇后曰亂民攻使館死傷接踵其技亦可見矣公法視使臣最重今我冒不韙犯衆怒兵民又不可恃各國興師問討我將何辭滅亡無日乘今致書友邦開誠布公以爲異日轉圜地步禍可少已 孝欽允之令總署電致各國後得講和此電實爲得力 迴鑾轉瞬閱八春國命旁歸强臣執嗚呼 先帝 章廟孫隆準低眉長太息夜半無人秋月涼天縱英姿竟長疾 聖母慈心今古稀求藥求醫恨無術可憐西鐘夢已闌手中大學讀未畢 如皋令周景濤以疆臣薦曾視 帝疾言光緒三十四年十月初入內請脈 德宗御案置大學衍義太平御覽等書大學衍義折數頁蓋尙在閱看者也其勤學如是 上念慈宮下念民猶召侍中對溫室 十月十八日 孝欽顯皇后久痢暈厥內監請 隆裕皇太后朝 德宗問後事 德宗召內務府大臣太息謂曰 太后病不起朕未身理

（喪事不孝甚矣朕病亦難愈同時出兩大事中國民力凋敝如何能支命發內帑治喪其仁孝如是）六龍一旦棄塵埃每讀遺詔心驚怵小臣無才愧杜根流涕但將遺愛述風吹瀛臺海水寒千秋萬歲聲瑟瑟

輓高嘯桐

（嘯桐名鳳岐岑雲階制軍幕府雲階入京面劾慶邸袁世凱嘯桐贊之雲階開缺嘯桐亦不仕被薦來京考御史取第一爲忌者所擠不記名病居上海本年二月卒）

故人舍我已吞聲我意故人身尚生修書迢迢託雙鯉猶似平時講學情昨朝入値崇政殿聞君消息心惶驚倉皇攜酒江亭奠一滴椒漿涕淚橫（嘯桐託余爲序文余於近日方寄去猶各以學問相勉二月二十三日在內廷會議進講事宜始聞劉幼雲京卿言嘯桐病故是日林晴嵐約其友人弔於陶然亭余心黯然爲之淚下）誦君驅邪扶正語知君忠義實性成可憐手足已痺痿爲我出處猶叮嚀天生英杰本佐世合當管樂同

峥嶸如何一籌尙未展身先朝露歸邱塋鵂鶹在林鳳鳥散蒼茫四顧衷怦怦知君魂魄尙不沫會作胥濤虜海鯨

過西苑門感賦

喬山弓劍已全灰往事追維總可哀猶記去年冬月夜　至尊扶病看書來去年十月初十日　孝欽顯皇后萬壽　德宗召見軍機時太息曰余病不能率百官拜壽不孝甚矣　孝欽曰母子之間何必拘拘禮節汝善自愛重　德宗跪謝腿軟仆地　孝欽扶起母子相抱而泣自是　孝欽病亦加劇十月十一十二十三等日不召軍機不辦事余恐國本未定致起亂萌十四日上書陳大計　兩宮扶病召軍機大臣議之

蒼犬無端來襯腕雲林不復響龍璈西風吹冷瀛臺水流到滄溟勝伍濤

揭臺省箴碑敬題紙尾

大風吹古柏黃塵飛蔽天避塵揚此碑　仁皇心尚傳論世
在天啓羣宵附貂蟬臺中楊與左憂國心如煎執簡有遺直修
書擊大奸書上身慘死國亡軀早捐我　朝起遼東殷監實在
前　貽訓重臺職納諫如轉圜　仁皇製此箴嘉誨誠拳拳
設此重言責民隱賴敷宣在公化畛域論事戒頗偏君能建皇
極臣自勵寅虔是以累朝來臺省羅衆賢二魏風力遒三魚學
術全吾鄉榕門叟繼美相蹁躚摩挲題名碣芳名金石鐫丰華
今何歇思古情流連誰令高風墮作俑責其先中朝多大官臺
省恆左遷有人忽驟貴道是臺中員頫首事彊師搖尾乞人憐
皂囊封事稀侯門履底穿一蹴領彊事珊瑚插帽尖從此薰蕕

雜不得肅班聯嗟予濫臺職倏留三經年憶初拜此職閣議方紛纏納交靜海劉（劉汝驥字仲良靜海人）抗議摧强權靜海麾出守湘潭亦歸田（趙啟霖字芷孫湘潭人）青松並紅杏（給事中陳田字松山御史江春霖字杏村在台與余相得）與我結良緣慚無救時策何以答堯天豈惟朋儕寡亦由學力緜盥手搨此碑義正復詞嚴迄今二百載字跡猶新鮮焚香再三讀守此不敢愆西臺風日靜白露滴蒼蒹

自題照相寄芷蓀提學（宣統元年五月十八日）

滄海橫流刼未闌神州放眼寄長歎年來無計蘇民物辜負言官與講官

己酉九月乞假省親於長沙趙堯生侍御（熙）送之以詩依

原韻和之

久欲歸田尚未歸流光空逐濁塵飛慚無菽水娛黃髮未有涓埃答　紫闥廿載朝班同擊柝頻年慈母悵添衣今朝樽酒煩珍重無限離悰出　帝畿

哀白竹君 白竹君名永麟　頤和園八品苑副宣統元年七月以捐稅繁瑣民不聊生官吏貪黷賄賂公行擬上書　攝政王遂絕粒死冀以尸諫余既採其言代達　天聽復哀之以詩

自從屈產來虞後百里無言世可知不意濁塵十丈裏得君諫草一篇奇天心元漠終難叩臣志艱貞死不辭忠憤莫伸饕餮貴湘鄉遺語古今悲

題俞廙軒侍郎廉三臥游圖 庚戌稿

記從省識荆州面十五年前夢可尋世事幾經滄海變年華愁被鬢毛侵江山俯仰成陳迹人代推遷半古今先輩鬚眉光照眼瀟湘回首淚沾襟

讀史雜感

太息炎黃胄沈淪六快謠軍輸同白著敕使問靑苗治事貲行部求官賄御刀獨聞西邸富珠浪黑潭跳

遼海軍書急櫻花放國光本無張左相何有戚南塘黨戰玫瑰劇邊功金甌荒那堪夕陽下灑涕弔高陽

未有雲川變何須仗會稽一門皆進爵天下任孤睽塞外盟王檝朝中少薛奎可憐承澤久（慶親王奕劻花園名承澤園）風雨不聞鷄

八友聲華籍隨槎訪異聞入陪宣室宴出贊羽林軍狎妓趨張
放粥四謁長君迴思德陽殿雙淚欲沾枌

江杏村侍御春霖解言職余與松山漱唐陳田胡思敬疏留未允誌
感庚戌稿

吾道方孤寂江郎又去臺昔承宣室對今卸繡衣回氣勁詞多
忤身存意莫灰秋霜横白筆惆悵閣塵埃

春明雜感

雲水瀰漫海子圖天高寒月夢瀛壺十年痛灑唐衢淚灑到蒼
梧淚轉枯

瘦馬凌競上御河河邊綠草襯春波曾憐趙壹褰裳去又送江

淹載酒過

年來日覺故人稀獨立江亭對落暉世路茫茫吾亦嬾等閒坐看軟紅飛

寶劍塵封未斫鼉豪情華髮兩銷磨階前莫種忘憂草種得忘憂憂更多戊申醫官治　德宗疾藥方開有萱草　御注其下曰萱草可以忘憂朕之憂何日忘乎

半閒定策承殊寵王氣銷沈事可嗟若有董狐修信史文山當日不宣麻

聽羅小寶演鐵冠圖

一聲檀板近天橋演出江山太寂寥省識興亡無限恨梨園吹斷白牙簫

萬歲山前問大家觚稜樹暗月無華宮人剌虎談前夢零落當年帝女花

書懷

憶我湘江二頃田曉來無事但高眠起吟靖節歸來句松菊盤桓小洞天

重遊雲麓寄趙芷蓀年丈

遙望蠶叢不易行年來心事付鵑聲霜臺愧我無良策雲麓遲君訪昔盟皂帽有情應戀闕青山無恙且躬耕難隨流俗爲緜蕞異日當知魯兩生

司馬文正硯歌

宣統二年中秋前一日炳麟游彰義門外有土人持石硯求售麟購之歸拂塵審視蓋司馬文正公硯也硯左面鐫文云藏我山堂助我文章款署元豐六年君實司馬氏珍玩皆隸書右面鐫精金美玉四字隸書款署子瞻行書後面鐫文云千夫挽綆百夫運斤篝火下縋以出斯珍款署劉器之跋皆行書考熙甯元豐間司馬文正賦閒居洛以書局自隨給御府筆墨編輯史事至元豐七年十二月乃告竣上資治通鑑三百五十四卷哲宗立始自洛赴拜門下侍郎宋史蘇軾傳稱其與司馬光善又劉安世傳安世號器之第進士不就選從學於司馬光是此硯佐涑水當

時師友會文之用爲麟所得亦奇緣也歌以紀之

宋朝司馬温公硯七百餘年我得之古石磷磷色渥赭蓄霜含露光離奇四圍稜角幾磨礪形模猶具神護持在昔我聞玉帶生文山臨難曾相隨今春省親長沙去此硯何幸親手披今春長沙民變麟省親至湘唐子和大令鏡澂家藏有文文山玉帶生硯余往觀視讀其銘詞摩挲久之長安八月秋光澹得公手澤如得師憶公昔在熙元際赤幟高張勿敢欺神宗皇帝喜新法邇英進講多忤詞西京留臺避讒慝田夫野老同娛嬉天章雖給御府札投閒置散分所宜講友蘇公亦貶謫摩挲龍尾歌新詩我雖未見龍尾硯此硯亦有蘇題辭坡仙在常公在洛參商遙隔滄江涯安知此非鳳咮石雕鐫寄贈慰所思李之彥硯譜蘇子瞻云僕好鳳咮石研麟考元

豐六年司馬文正居洛蘇文忠居常兩人未聚一處硯左右隸書似出子瞻一人手疑是蘇文忠鐫贈文正者也門人劉子殿中虎洛州司法常攀追劉器之是時爲洛州司法後歷任台諫著直聲有殿中虎之目諡忠定定知篝火將鎚日正是師門立雪時乾坤正氣寄斯硯孤標落落生貞姿何必巖花與七寶始有龍氣橫方池嗟余好古生苦晚豈徒把玩如王慈高山巖巖可仰止蒼茫論世發歔欷玉堂新樣今安在萬古傷心元祐碑王安石有玉堂新樣硯詩

附胡潄唐侍御思敬和詩一首

同時諫垣有二趙跌宕嗜古兼工詩西趙閉門讀騷日飲酒南趙懷抱利器鬱鬱將安之我游二趙間並轡不敢馳伏門三上書自謂堪救時西趙笑我以目南趙謂我痴我

與南趙結交在戊戌親見血濺楊劉尸膏火自煎木自寇抱璞豈必求人知君看此硯霾沈七百載一朝拂拭生光彩當時擕汝登邇英草奏千言觸時宰大弓寶玉盜且盡汴洛遷流城郭改惟有孤臣鐵石心百折不磨今尚在墨池宿水起蛟龍會見桑田再變爲滄海我讀君歌歌未終紙窗颯颯生悲風兩朝正氣所凝結玉帶生與同孤忠天章給札本故事相隨伴食曾何功洛中投閒置書局橋亭賣卜將毋同精靈秘久偶一現不料宣統猶元豐三五少年聚私室落筆動擬王荆公自慚器小易枯竭安有墨點澆汝胸硯兮硯兮不幸久在世圭角稍露遭磨礱洛社耆

英不可作號攀故物如縣弓甘棠遺愛甯在此況恐贋鼎來相縢傳家一集敢闕洛槧本影自陳文恭君其寶之衍桂學何暇上與潘劉諸老矜博通不然知其白守其黑有託而逃計亦得織簾磨鏡俱奇才夢裏呑聲望京國

徐班侯侍御自浙至京隨即還籍爲詩誌感

別來驚改歲暫會亦愁余世路方多難吾曹半索居臨風肝胆在如雪鬢毛疏一棹西湖去豪情寄酒餘

懷岑雲階制府

嘉州吾父執垂老更憂時南顧羣蠻畏西征一馬隨鋤奸雷電肅獨對虎狼疑人繞御牀泣歸來鬢易絲

胡漱唐侍御思敬意欲歸隱以詩示余賦此留之辛亥稿

廿載都堂慶盍簪何當別我入荒潯皇天有意憐中國吾黨不應遂陸沈患難正堪存大節艱貞期莫負初心循環剝復尋常事賴有孤陽敵衆陰

題趨庭餘慟圖

宣統辛亥余友汪鞏菴主政鸞翔爲余繪趨庭餘慟圖繪先君柳溪公教我育我時之山川風景唐書言狄仁傑赴并州參軍親在河陽仁傑登太行山反顧見白雲孤飛謂左右曰吾親舍其下顧望久之雲移乃去嗚呼狄公望雲親猶存耳吾披此圖山水城郭草木屋宇歷歷如昨日

而　先君見背於今七年矣麟自七歲時卽依依膝下飮食敎誨悉賴　先君數十年來始而撫育繼而課書繼而授室繼而宦游若一一道之如戴天履地欲述天地之高厚舌端筆端莫能闡發此八幅中特其大槪耳擾擾匆匆晨雞暮鐘追思罔極痛何如乎爰爲詞曰

乙巳七月七日以前爲一天乙巳七月七日以後爲一天天一無父之日月地一無父之山川天歟地歟吾父歟予出予入誰愛憐天終古而白雲地終古而蒼煙觀天地之無盡感人代之屢遷披圖憶吾父景物似當年呼父父不應雙淚滴涓涓嗚呼安得不淡余心兮如古井之寒泉

送胡潄唐同年告身南歸

潄唐同年請告南歸余挽留未允爲六十韻以送詩極俗俚聊誌我兩人二十年來交誼之始末昔微之遺樂天詩囑之曰知我者不可使不知不知我者不可使知我囑潄唐亦復若是幸其識之

與子登科歲同爲乙未年金繒輸日本石畫挫朝鮮遂啟先皇志期將舊習捐臨軒思得士側席冀求賢射策吾方少陳辭字屢愆謬從金榜末並列玉堂仙殿試舊重楷書乙未殿試德宗景皇帝憤甲午之敗思返舊習以求才俊凡陳辭慷慨者多拔置前列不專重楷書駱成驤以第三改置第一喻長霖以第十改置第二余書法最劣卷錯五字讀卷者粘黃籤五條置在三甲覆命時德宗命將全榜卷册呈覽以余卷言時政改置二甲第十一得入翰林翅幸鵷行接班欣鷺序聯始敦元白誼共結

任黎緣待詔依槐閣吟詩聚木天酒酣搖劍珮興到選珠鈿玉府觀書畢珂鄉衣錦旋君歸南浦棹我返洞庭船光景非虛擲江山助妙詮匡廬君掛屐嶽麓我題箋（乙未以後漱唐乞假回江西余隨侍先君於湖南）荏苒星華速迴環節候遄買舟同詣闕獻賦各爭先我視詞林草君司吏部銓交深通藥石言臭比蘭荃（戊戌散館余留翰林漱唐改官吏部）此日雖多難興王尙握乾欲成貞觀盛須使廟謨宣累下求言詔時懸無逸篇丹霄朝論治白面夜談邊異夢徵鸚鵡哀情託杜鵑宿軍多右袒帝座竟移躔相業無韓魏臺臣孰潁川（漢杜根潁川人）豈期明德聖終有奪門嫌輦道黃巾起京門碧血擅劍光宗妙手韜略倚空拳刦火焚靑鎖妖壇祀白蓮五城同日陷七萃望雲連敵騎

來倉卒宮車遂播遷淒涼炎帝粥斷折祖生鞭烽火驚王粲琴書誤米顛我瞻西華月君臥北平煙庚子之變余隨扈西安漱唐避亂昌平賴有和戎計能將景命延不爲孤注擲喜見兩宮還遼海兵端急神州勢愈孱地空輸靺鞨盟豈守澶淵自此皇綱墮堪嗟世運邅橫刀來健者建策太騷然法典如毛碎民膏似火煎窮搜中戶稅進奉買官錢予也生何晚臺端實備員余以光緒丙午八月傳到御史臺有心悲瑣尾無力拯黔顛幸得同心友相期大節全貴陽摧跋扈謂陳松山給諫靜海劾招權謂劉仲良侍御趙壹文章著江郎戇直傳謂芷蓀杏村兩侍御烏臺君後到赤幟亦高搴漱唐後余四年到臺正色鋤强禦孤踪戒滑圓上書除害馬不語恥寒蟬宇宙方多事痌瘝尚未痊正當勤補袞底事賦歸田

涑水身猶健船山史可編高吟千谷震祕籍五車專漱唐工詩喜藏書嘗與余約欲廣搜朝野間事詳實記載以爲一代信史今且歸矣漱唐漱唐毋忘此約勝友如花散閒愁似蔓纏告身吾亦樂世患待誰蠲此去宜搔首斯人詎息肩有生應戀闕何地可逃禪攜手長途送傷心別緒牽狂歌數今昔聊以慰離筵

開缺出臺誌感宣統三年三月十二日余援魏象樞例疏請留台劾忠反因是去言職辭同人出都察院口占二首

年來豪氣半銷磨六載臺垣一夢過檢點皂囊焚諫草涓埃未報負　恩多

孔范同盟記昔年叩鐶痛哭冀回天貞元舊侶紛紛散翹首觚稜倍惘然

附趙芷蓀提學啟霖和詩四首

拾遺補闕共研磨腸斷東華弁轡過不待元豐官制出西臺朋舊已無多聞新官制裁都察院
諫草琅琅五六年風雷韜斂對高天懷君夢逐湘流轉過嶺濃陰荔子然
國論年來滋謬悠觥觥一傳攝羣咻愁聞蛟鱷橫稗海不遺鷹鸇拂盛秋齊虜得官眞謾語越人望疾恨難瘳留臺疏請心如結異代差肩魏蔚州
諫院聯鑣三數人與君孤抱出埃塵多慚姓字喧時輩未見瘡痍起世屯往事祇傾無算酒神州猶望不貲身題名錯落新碑在便是烏臺棨尾春新刊御史題名碑君名殿末

舟過湘潭訪趙芷蓀提學不遇

牢落飛鴻影扶搖此地過美人秋水隔別意暮雲多神劍終當合精金兩不磨明年春漲駛重爲叩煙蘿

望衡感賦

一棹歸來訪舊緣青山無恙水依然故交零落雞聲外詩意蒼涼雁影邊李泌白衣仍返里管甯皂帽夢朝天忽從煙雨池頭哭色笑睽違已十年 壬寅余北上與 先大夫在衡州一別至乙巳得 先大夫病電馳回南洲 先大夫已去世煙雨池邊竟爲麟與 先大夫永訣之地思之愴然

柏坊感賦 壬寅麟由常甯回京與和兄許妾在此登舟時 先大夫宰常甯

綠樹青莎岸依稀舊柏坊板橋橫古渡茅舍對滄浪父老悲丁

藥人民說召棠平生風木恨垂淚立斜陽

永州道中四首

五月清湘水漲時江干風景耐尋思淡煙微雨浯溪道手剝蒼苔搨斷碑

偶行締道過江濱每遇農家問答頻爲告今年風雨順水田禾稼已懷新

鐵索繫舟江岸泊石崖高處有泉鳴夜涼月色明如晝移酒船頭聽瀑聲

草色芊芊樹影稠酒旌搖曳水邊樓買魚沽酒吾常樂一路看山到上頭

附永州太守許介侯前輩（晉郇）和詩四首

雲水瀟湘采艾時（時當五月）尺書珍重慰相思（公并以書來）郴江宦轍如萍梗（郇守郴數月移永）又讀蕉黃荔子碑（永州柳子廟有東坡先生荔子碑）

豸冠雲擁鳳池濱骨鯁封章論事頻四萬萬人齊注目舊邦何以與維新

譾壽欣將難老祝（時公奉太夫人旋里同出永州）楚咻慣作不平鳴（因鐵路收回事）（湘人謠風頗大）輶軒願採民勞什譜出茅檐愁歎聲

身在蓬壺雨露稠月明休上仲宣樓（聞公近有思歸之意）臨歧一語君須記公輔於今屬黑頭

柏巖詩存卷四

全州趙炳麟竺垣稿

桂居懷人 辛亥六月作於桂林

梅陽名節重諫草挾風雷淚記重陽墮杏村疏稿以光緒三十四年重陽日疏最爲沈痛讀之墮淚奸嗔九疏摧杏村有九疏彈巨奸丹心對宣室白髮哭瀛台德宗病時余與杏村時向御醫問起居痛哭流涕閩桂關山隔開緘百感來杏村自歸莆田與余不通音問今見余放歸始以函慰問并書聯相贈其文云交情不解如膠漆晚節相期比柏松 懷江春霖

湘潭敦道義靄靄本儒流半載台端立高名宇合留芷蓀在台半年即言事罷職投簪卸塵網奉母隱山陬芷蓀起用提學四川半年以養母告身歸每誦琳琅句時添雲樹愁芷蓀聞余出台爲詩四章他人且不忍卒讀而况僕哉 懷趙啟霖

進講手裁峻封章累不休治陳貞觀盛寵戒魏王優幼雲講貞觀政要引魏徵諫太

宗寵魏王事以爲規諷是日召見養心殿辯論良久薦剡攖奸忌幼雲疏請起用岑春煊江春霖趙啟霖奕劻大忌之扶倫觸世仇幼雲請明禮教而扶人倫爲新黨仇視匡廬風景好期早返潛樓　懷劉廷琛

京華冠蓋地峭直得新昌造句師長吉陳書警速亡漱唐工詩喜爲長吉語本年上書言時事謂有速貧速亂速亡之道不報乃爲十別詩告身歸探奇尋秘谷訪古徧書坊問影樓何在天涯夕照蒼　懷胡思敬

張堅白制府約赴廣東賦此辭之辛亥七月

清湘清處堪歸隱慚愧將軍折柬來黃屋久辜炎帝眷白衣今放李生回辛迂早有名山志魏戇終非幕府才寄語珠江賢節度等閒容我結茅齋

申居旅感辛亥十二月自天津回申

北山化鶴復來歸城郭人民事事非大隱吳門梅尉志逃名遼海管生悲側身天地留烏角反掌風塵怨鳥飛每誦蓼莪魂欲斷不堪慈母悵㳟衣

殘陽一片石頭斜客裏零丁感歲華報國無能空涕淚救民乏術付咨嗟濤聲嗚咽慈元廟雲影迷離庾信家祗有春風依樣好窗前開徧碧桃花

柏巖閒居壬子春自上海回全州作

傍山倚石結茆廬雨後披蓑自種蔬猶記曩年爭大計雪中曾上萬言書

郭外山光映石泉萬松環拱柏巖前瓶花澹澹鑪煙定細讀南

華秋水篇

見聞編輯費抽毫井底他年鐵匣牢著作有閒身不倦手書大學教兒曹

皂帽青衫任足行行歌緩緩看春畊農家未識滄桑變見我猶稱御史名

入京路過湘潭柬趙芷丈 癸丑稿

一棹燕郊去翻驚歲月新剖心難報國淚眼不知春未改黃冠志常思白水人懷君君莫晤搔首問前津

故人經歲別雙鯉寄相思扣匣青萍在捫心黃蘗知黔黎方造刼黑白且觀棋永守宣王訓余懷湼不緇

題翼南渤海從軍圖 圖誌甲午從征日本

東征諸將太遷延一片降旗落日邊欲識書生憂國處楡關風雪海門煙

生逢堯舜吾安適微覺夷狄道尙存皂帽漫尋桴海地櫻花旭日太和魂

莫向龍山記舊游陸沉容易失神州廿年贏得新亭淚白浪靑燐展卷愁

題秦曼靑嶽麓登高圖

零丁二十年前夢曾掛江帆過橘洲蒲席蔽風留客坐葫瓢載酒作山游題餻舊侶多黃土亡國孤臣亦白頭忽誦君詩展君

畫蒼茫何處是神州

題沈太倅楸陰感舊圖 圖畫棗花寺風景

年年四月棗花香束客提壺古寺旁今日披圖偏一淚敗垣冷落對斜陽

舊綵斑駁有馴鷄 棗花寺有名畫二一馴鷄圖一青松紅杏圖國初名人題詞甚多 往事蒼涼厭鼓鼙猶記庚年戎馬警一驢馳過寺門西 庚子聯軍陷京師余與陸紹淵司勳劉子和茂才騎驢過棗花寺避於昌平之高麗營

又着黃冠作夢游離離麥黍故宮秋人民城郭都無恙孰悟莊生大壑舟

野草迷天楸影孤難從滄海覓蓬壺廿年牢落春明夢愁看青松紅杏圖 余在臺與陳松山汀杏村友善故有青松紅杏結良緣詩今杏村棄家爲道士松山久不通信畫此圖之李國璵松山子壻也覩物懷人感何能已

癸丑四月二十五日與秦顯庭至梁格莊謁
孝定景皇后梓宮行百日禮幷叩
德宗景皇帝梓宮爲輓詩一首

無限橋山慟來瞻右北平黃幰人寂寞皂幃涕交幷果見恆星霣長違向日情煢煢鶗鴂夢慘慘杜鵑聲憶昔當陽會方欣喜起賡丹霄朝進士白面夜談兵地道摧蒲葦乾綱墜棘荆宿軍歸呂祿江夏竄禰衡竟造玄黃刼輕投黑白枰妖氛干國紀敵騎滿神京中土天常醉瀛台晦不明忽傳蒼犬撠頓使紫微傾（光緒丁未除夕宮中傳言珍妃現形次年孝欽德宗同宴駕）負斧無周日託孤靡晉嬰朱門爭載寶白幟遂翻城羽檄紛然激刀矛健者橫狂飇廻九縣重霧塞三

精（用光武本紀）解綬辭蘭殿持弓出柳營憂深橫總滅（文選宣貴妃詩橫總滅容注后首服有橫以玉爲之櫛縱笄總也）民貴社茅輕瓊鏃方中易珩軒忽大行斑添妃子竹調絕女媧笙政變金甌缺人亡玉步更淒涼新室奠冷落故宮旌禹穴雖能祔虞田不可耕朝多微子馬林少上皇鸞麥飯伸臣意冬青繞帝塋西臺聊痛哭風雨四山驚

題南枝集（集爲越南志士阮鼎南著阮故越世家法滅越南阮屢起義兵爲法兵敗遂著桑海淚談述法暴政詩文皆忠義憤發取岳武穆廟忠魂游繞祠前樹不許南枝向北生義名南枝集）

斯文字字皆萇碧此義年年照汗青欲作包胥七日哭不知何處是秦庭

中原一髮偏多事龍血玄黃戰未淸大廈將頽風不息韓盧東

郭待人烹

五倫殘缺四維亡同室操戈兩兩傷紅白薔薇花自落延年何
地有昌陽

題美人看書圖甲寅自京回全州作

燈光如水思如潮靜坐看書恨未消天意似憐人寂寞和煙和
月上芭蕉

把劍挑燈淚自傾露華含月玉階清寸心夜逐關山轉不是尋
常兒女情

寄羅秋心

千古羅家一姓名用秋心和余詩句我懷昭諫有奇行秋風杖策來吳越

夜雨悲歌夢李京（羅昭諫說吳越王錢鏐起兵討梁以復李唐之祚）谷變須高居士節陵遷不愛大夫名（羅昭諫詠松詩云陵遷谷變須高節莫向人間作大夫）乾坤正氣今猶昔願子毋忘舊法程

柏樹墪田居和趙莊丈見贈原韻（避洪憲之忌隱居柏樹墩墾荒作）

莫問山涯與水涯一枝聊借願無奢青杉繞屋煩襟滅白酒延賓正味加天地衆生俱是客乾坤到處可爲家故人珍重山中藥世路崎嶇戒覆車

萬事如碁一爛柯光明悟後百無疴（文文山詩云豈期眞患難悟此大光明）曾披肝胆酬知己肯惜頭顱付太阿漢獻自能容魏武范增豈必遜蕭何與亡因果皆人造不用追思感慨多

讀史感賦

積雪嚴寒碎葉城鐵門關外陣縱橫人言擴廓爲邊患我謂文山是義征蘇武有心全漢節包胥不食得秦兵可憐三百年天下正氣終歸一個臣

桂林田居聞唐師春卿尚書去世賦此哭之

霜風吹桂阿秋雁唳荒磧四望天茫茫孤鐙銷永夕櫟木忽傾頹感今悲在昔憶余十七齡應制來京驛公典禮部闈謬薦通朝籍先帝方奮發求賢四門闢廬陵雅愛才桃李庭充斥器之在諫官涑水同講席（先生與麟同列講筵合編其講義曰師弟進講錄）京居二十年雪印程門爲彼蒼竟何心降亂無終極殂落慟兩宮藐孤傷六尺滄海

有橫流補苴之奇策黃河石人現神器倉卒易嶺管我歸農津沽公作客去年來哭陵謁公重請益乍見翻疑夢未語涕先溢兀坐李長樓愴懷箕子麥送我出門去臨歧情脈脈至今未周年幽明驚永隔范燮本祈死萇宏終化碧撒手赴空冥全身歸淸白殮以舊時冠奠以先朝職舊君倘有聞此臣諡當錫地下見先帝訴及興廢迹爲我上一言悔禍心猶赤我有竹如意哽噎不能擊無處覓西臺中原塵埃積

甲寅十月十三十四兩夜宿仰田農莊連夢唐春卿師誌感

淸湘秋末雨如絲兩夜相連夢故師車馬綠楊燈照耀依稀北

海早朝時
醒來忽悟泰山頹此老騎箕去不回縱使人間能有夜夢中無
路訪泉台
一生精力瘁唐書（師注唐書歷五十年積數千卷）白髮蕭騷兩鬢疏轉眼乾坤遺老
盡空山酹酒當徐芻
賓朋多慶帽花新玉樹參天亦有人底事白頭遺憾在蘼蕪不
是故家春
猶憶相逢七二沽暮年深愛故山廬如何重返燕京旆百感闐
膺遂喪軀（去年在天津晤師言歸田甚樂溫齋世兄逝後倬章世兄迎養至京政府授以參政不就去世）
料得忠魂返舊鄉師生夢裏訴衷腸何因不道興亡事可是春

陵尙有王

種菜口占乙卯

水在源頭分外淸全州爲湘水之源舊名淸湘縣草間今亦有蛙聲看書種菜英雄事笑彼蝸牛自弄兵

歲在乙卯江杏村自莆田來柬爲林太夫人八十稱觴其公子祖芭並爲杏村六十壽索詩賦此

故人五載隔江關舊夢追維淚自濳大地陸沉吾輩在虞淵日落幾時還種松避世懷昭諫賣卜娛親似疊山閩島又傳刁斗警時日本索福建梅陽猿鶴可淸閑

寄上海盛止園老人

藏舟何處覓莊濠陸海茫茫起怒濤心計半生似劉宴賢臣一頌異王褒衰年卻疾身當養公子讀書學可高古有河汾今滬上相期廣結濟時豪今日惟上海猶是乾淨土倘有王通講學育才十年以後必出濟時之彥撥亂反正剝復之理如是也

題曹東寅廣權環溪卜居圖東寅於江蘇長湖開墾荒地購得環溪在寶應縣城清初喬氏故居有環溪圖王漁洋侯朝宗等百餘人題詠

莫話春明夢幽閑此卜居兩松排屋角一水繞庭除翦韭春留客鈔經夜課書他年游興發定訪遠公廬

喬氏風流歇於今二百年又看華屋起再見主人賢釀酒多藏秫栽花祇愛蓮不知塵世上滄海變桑田

題自畫蘭花為王竹齋繪扇

何妨濳泊在窮鄕不與羣葩鬬色香論品自饒王者相乾坤終
賴汝留芳

題自書蘭花爲惠錫九銘綸扇

天下無淨土孤根何處騎一叢芳信意惟有所南知

寄章㝊仙華

㝊仙吾畏友一別幾經秋夜雨當年話浮雲此日愁弄璋曾慶
未勿藥已占不五嶺天非遠瑤函莫吝投

四思詩

我所思兮在海東欲往從之水濛濛滄溟洞 澒陳千怪此老袖
劍思屠龍君年五十我四十韶華倏忽皆成翁天荒地老何能

挽賴有浩氣橫蒼穹聞君公子甚倜儻學涉中西有父風我亦生兒能記誦十歲頗識佉盧蹤明年當挈游海外晤君把臂談離衷 潛樓

我所思兮在湖南欲往省之隔層巘時光一別忽四載幸有郵驛通鮫函君家老母逾八十晨昏侍奉情彌甘嗟予雙親謝塵世未酬罔極心何堪平生忠孝兩有缺對家對國俱懷慙羨君天倫有眞樂望雲惟祝堯樽酣 思古堂

我所思兮在蜀西欲往詣之蜀道崎余年十五登鄉薦謁君桂管承提携手取三禮授我讀治道在此當勾稽廿年京洛聚復散人生蹤跡如鴻泥神虺吐氣障白日光天之下大道迷夫子

欲以禮救世微言闡發燃犀中國如有聖人作質諸來世夫何疑 問孝閣

我所思兮在漠北欲往褰之無羽翼鐵勒千騎萬騎行獨洛河邊陣雲黑包胥乞師能報仇南雷借兵未復國同此耿耿塞兩間是非豈論失與得後人想望華山廬大義高山等崱屴 鼎華樓

東李守一同年 翰芬

話別北門今五載天荒地老世情非相逢舊燕愁枝借忍見哀鴻滿路飛故國江山斜日照貞元朝士曉星稀桂臺昔歲君栽樹此後重來定十圍

輓于晦若侍郎 式枚

躬畊南畝畔聞訃一呑聲晚悟方捐館唐春卿師暮年號晚悟先生又奠楹舊交淪落甚故國涕洟傾道遠愆芻祭蒼涼孺子情

天也今如此人乎可奈何二句錄汪水雲集春傷新甲子秋老舊山河北闕森周黍南冠作楚歌携將竹如意一哭當麾戈

記賦皇華日流觴古寺樓黃河徵圾讖皂筴識君憂剖腹爭朝憲批鱗抗廟謀遺言今盡驗撒手萬緣休公於清季奉詔使德國考查憲法鄭叔進侍講飯於龍樹寺酒闌登高望遠公喟然曰塵飛蔽天皆刼象也迄至德國疏云各國多困暴君虐政故不憚流血以爭數條憲法若本朝良法美意民悉樂業上下相安今破壞一切舊制日言立憲所謂天下本無事庸人自擾之民智易開則愚之無術他日噬臍何及云云另片參楊度藉立憲以結權要破祖制實懷異志請朝廷明察之

欲覓招魂處烏飛愴舊枝淚曾金狄灑心許鐵函知黨籍悲元祐公於光緒戊戌與鱗同赴康南海之約至嵩雲草堂茶話遂有人刋是日赴席名單謂之保國會遺官繫義熙公卒之先一日自書曰大清誥授光祿大

（夫吏部侍郎于式枚之墓次日卒於船上）斜陽無限恨不待鶴歸時

和趙芷蓀丈山居春暮原韵二十首之四

結廬依桂嶺不惜一椽卑喜誦高賢句堪爲樂道資澆風嗟未已古趣邈難追共礪冰霜節相期藥石規

玉碎終何補餘生亦瓦全藏書眢井底吮犢夕陽邊精衛難填海憂愁只問天與君偕隱意不是戀林泉

板蕩逢三季閒關度世難似聞天帝醉誰遣暮愁寬歐史隨時讀（近日讀五代史消遣）陶詩任意看袁閎雖土室終勝折腰官

夢繞昌山路高蹤世所珍吟詩塵想絕開徑草痕新靜讀荆生傳閒披郭氏巾浮湘如有便當訪避秦人

路過湘潭柬趙芷丈並用夏間見和原韻 乙卯十二月赴湘作

閑浮一葉逐湘波獨步江濱踏綠莎欲向五湖尋范蠡人間萬事聽蹉跎

破浪乘風迹已陳中年意氣尚嶙峋漫將身世方前哲顧怪歸奇愧不倫

也種梅花戴月鋤也從湖海寄蝸廬去來渾似遼東鶴不早求仙計已疏

有人家住桃花源樹繞庭除石繞門約過小舟同一話孤鐙相對夢崑崙

重至茭源銀場 水口山銀礦屬常甯縣古茭源也光緒間 先君官常甯時廖蓀荄先生開辦此礦誅茅結廬規模方始余自行在歸省赴山游覽

至今二十年朱樓畫閣幾滿山谷礦廬用泰西機器入地將二百丈乙卯冬余集股開全州銀礦與蔣汝賢表兄同赴水口山考查余避洪憲之禍改名趙垢有陳育才者義寗佑民中丞猶子舊識余不約而會具茗饌相邀座中以報紙示余知滇黔已起義矣爲詩誌之

重來不覺二毛侵十里飛車一瞬臨此日地中眞鑿空當年石上記聯吟始知大造無私寶何止長州可揀金樓閣莊嚴彈指現愴懷風木淚沾襟

陳生短髮著皮冠曾識先朝老諫官煮茗碧雲浮午盞剖魚新月落辛盤白雲蒼狗吾何與赤日黃埃道止難世局久同蝸角鬭我當六一史書觀

酬梁辟園辛亥余還桂林路過長沙辟園民仲招飲一見如故交乙卯重至長沙辟園以當年見贈詩示余賦此酬之並柬芷蓀丈

牧之當日領華筵回首風光隔五年世局久隨雲變幻交情願

訂石貞堅辟園擬設西法煉鉛礦廠余有同心靑山愁入新豐酒皂帽猶思太華氈梅尉變名慚愧甚贈言感子意拳拳

爲訪荃蓀放小舟今年又作楚天游九嶷重疊堪供目嶽麓蒼涼近入眸握管閒臨楊大眼吟詩當遜范長頭孤篷聊適江湖興惆悵元龍百尺樓時辟園大造洋樓

思古堂訪趙芷蓀丙辰正月初四日作於湘潭縣昌山思古堂

十載如蘭契今欣造里仁論交肝胆在惜別鬢毛新繼志期兒女忘形略主賓明朝千里隔當復念蘇純

在芷蓀家見梁節庵鼎芬謁陵書

二百年來一個臣風吹白髮涕橫陳管甯亮節高三季顧絳微

軀繫五倫放棹有心隨謝哭麾戈無計返羲輪晉家赤紙人同恨北望觚稜淚滿巾（時洪憲稱帝廣西議起兵余赴湘調查形勢）

桂林隨陸武鳴起兵（丙辰三月由湘回桂作）

疊綵山前帥幟紅蕭蕭萬馬逐西風建言人共知羅隱起義今當比竇融馳檄頓教新莽退撼山誓與岳家同八千子弟如貔虎努力前途好奏功

題黃潭浦遺墨（丙辰十月以下皆重赴國會在北京作）

手澤傳潭浦堪爲希世珍文章關道義生死繫彝倫珥筆天難問麾戈日已淪至今三百載誰復繼斯人

風月曲（丁巳）

待客金門夏復秋月光花影共夷猶迎人柳絮飄何處風景依稀小畫樓
待卿猶憶杏花春月夜凭肩笑語親迎送生涯今解脫風光回首轉愁人
待嫁如卿亦可憐月來人事幾推遷迎姬賴有押衙力風態闌珊白酒前
待我闌干握手時月前絮語記絲絲迎春他日如相見風落猩紅感杜詩

壽陳伯潛太保七十

艷說同光際先生諫草傳片言能補袞一疏可回天世局如碁

換吾儕豈瓦全願持蒙難義追日到虞淵
地老天荒後黄冠又北來雖無朝士集猶見壽筵開髩髮嗟餘
幾貞心莫漫灰祝將鄒衍律吹得好春回

輓朱湘礽伯

父執凋零盡追思倍惘然鬚眉驚隔世談笑憶當年慘覩南洲
水愁看楚塞煙哭公兼哭父雙淚灑燈前

仿吳梅村琴河感舊體

記從洛下識孤芳風月撩人老亦狂笑倚粧臺隨問字閒携錦
帕捉迷藏同杯嘗茗唇脂馥對鏡撚鬚手指香却悔床前低語
夜靑驄容易別蕭娘

題楊椒山先生致王繼津遴遺書

我聞大行連峯競千仞參天秀出鍾英儁椒山先生人中豪高風直比大行峻憶昔登公諫草堂摩挲兩疏中心藏抗懷每惜神州事私淑曾持一瓣香嗟余入世逢三季蹉跎未展平生志黃河挑動鼎沸騰中原何日得平治對公手澤頻低徊片言隻字如瓊瑰人生自古誰無死泰山鴻毛當自裁見公文章敬且愛鈐山遺墨今安在是非千古終有眞斯民直道猶三代

懷故人東張奉新

將軍髮白寸心丹一木擎天事本難同澤有盟先解體委裘無計只披肝誓將項羽八千衆盡作田橫五百看吾息尚存吾道

在雄冠解脫卽黃冠

壯哉蒙古好河山食德先朝締造艱擴廓有兵曾割據元家失位此間關況聞與國盟堪結且有藩臣甲待擐計較黃金圖苟活婦人謀國太癡頑

柏巖詩存正誤表

冊別	頁數	行數	字數	誤	正
卷一	第二	第三	碧字上	酣	紺
	第四	第十六	格字下	遵	遒
	第五	第五	是字上	已	己
		第十六	白字下	壁	璧
	第六	第十	小注忍字下	難	離
	第八	第九	盤字下	盗	盜
		第十	名字下	倘佯	徜徉
		第十二	雲字下	閒	間
	第十八	第十一	清字下	何	河

柏巖詩存正誤表

卷二	第八	第二十	稻字下	梁	粱
	第十一	第五	天字下	庾	庚
	第十三	第三	滿字下	青	秦
	第十四	第一	聽字下	鍾	鐘
		第九	送字下	宗	宋
	第十五	第十八	樓字上	戌	戍
卷三	第五	第二	正字下	巳	已
	第七	第十二	利字上	已	己
	第九	第十	平字上	冶	治
	第十二	第二十	一字下	戹	巵
	第十四	第十二	小注庚字下	字	子

	第二十五	第一	補字下	闗	闕
卷四	第五	第十九	知字下	已	己
	第八	第三	小注亂字上	揆	撥
	第八	第十三	自字下	晝	畫
	第十	第六	小注於字上	飯	餞
	第十一	第十七	道字下	止	正

柏巖聯語偶存

柏巖聯語偶存 聯語向不存稿遺失殆盡茲將偶存者付刊

觀音戲臺 光緒二十二年撰於全州宜鄉

無觀聽中傳觀聽
有音容外悟音容

輓陸紹淵吏部 光緒二十五年撰於北京同豐堂

無行不同志無話不同心痛今朝雲散風流十載舊遊成短夢
有酒必共斟有花必共賞奈此日琴哀瑟怨一聲河滿泣長征
此吏部在時席間戲請余撰者後竟爲讖語錄之慘然風雲琴瑟皆同席伶人名也

輓陸伯葵都御史 光緒三十四年撰於北京

晚代大臣多苟祿我公謇謇立朝猶有古人風今朝東閣興悲

來獻生芻頻淚落

平時論事不盡同余心昭昭舉世共知交道正異日西臺話舊

每編諫草總情傷

陸公諱寶忠抗直敢言屢薦麟爲首道御史陸公請改都察院爲國會麟約全臺上疏辨之議遂寢故末聯記之

輓劉鑑卿觀察 宣統二年撰於長沙

死別已吞聲記當日聯姻燕冀話舊熊湘曾幾何時父執於今凋謝盡

才大難爲用歎我公廿載郎曹五年外吏有誰知己曲高自古賞音稀

柏樹墩農場 民國二年撰於全州柏樹墩

五畝農桑王道本
四圍喬木世臣心

普通戲臺民國二年撰於全州城

作如是觀有下場方爲脚色
莫等閒看凡出臺要量身裁

題湘山寺民國二年撰於全州湘山寺

獨立興悠然世事逼人閒最樂
偶來觀自在孤峯比我冷何如

家堂楹聯民國二年撰於全州城

且住爲佳莫問他漢室黃圖晉廷赤紙

等閒是福却羨那管生皂帽梅尉青衣

哭母民國二年泣撰於全州城

嗟我母兮望兒立言望兒立功乃立言阨於奸臣立功限於世變遂致中原鼎沸偷活草間北走南奔卄九年來疏侍奉恨彼天也使人有家使人有國但有家不能盡孝有國不得効忠忍令華夏陸沈横流日急東瞻西顧四百兆種靡孑遺

輓盛杏蓀宮保民國五年撰於上海

唐劉宴青史齊名一代計臣光後世漢梅福丹心猶昔九原爲我告先朝

輓王壬秋先生民國五年撰

恢諧驚失東方朔
史事傷殘蔡伯喈

題晉祠水亭 民國七年撰於山西

甊瓢汲水僧煎茗
拳石支枰客下棋

輓江杏村御史 民國七年撰於山西

國其危乎憶殿中相對陳言大往小來果見江山眞破碎
君長逝矣願地下猶能擊賊陰極陽復安知日月不重光

題江杏村御史祠堂 民國九年撰於山西 祠在莆田梅陽山中

九疏乾坤作秋氣

四山風雨泣冬青

題文瀛湖民國七年撰於山西

莫言此地是他鄉，沽酒且邀耆老醉

不知明年在何處，栽花留待後人看

題北京塵憩園民國十年撰於北京麟在京所築

門垂陶令親栽柳

室有仁宗御製書

題參雨軒民國十年撰於山西麟在晉所居

花前煮茗邀詞客

雨後焚香讀道書

潛并廬後園（民國十年撰於山西麟在晉所居）

陶秫半弓留客醉
邵瓜一畝教兒培

題潛并廬

退食課兒經誦詩讀書頗悟堯夫安樂意
開軒留客坐彈琴鼓瑟高吟諸葛自娛篇

又

記半世游踪桂嶺受書洞庭擊楫燕臺走馬泰岱觀雲縱不如
向平遯史遷文到處安身何罣礙
思近年吏隱瀛湖種樹晉水彈碁石窟聯吟崛嵋訪逸權當作

邵侯瓜陶令秫隨時寄跡亦從容

贈王利用治國前清侍衛官標統民國不仕吳子玉巡使昔隸其營及爲兩湖巡閱師事之癸亥余以桂事赴洛陽相見甚歡撰此以贈

騎驢湖上傳清節

射虎山中有夙名

贈冷子貞方升前清辛卯舉人富經術吳子玉賓禮之癸亥余在洛陽以此贈之

杜欽才調驚耆碩

庾信文章重暮年

潛并廬詩存

趙柏巖集
湘潭趙啟霖署檢
THE LIBRARY OF NATIONAL KWANGSI UNIVERSITY
CHINA
國立廣西大學圖書館

潛幷廬詩存

潛幷廬詩存卷一

全州趙炳麟竺垣稿

丁巳十月赴山西口占四首

蒿目鄉關噪晚蜩中原物力久蕭條此行不作服官看半爲游山半避囂

河汾避地文中子門下偏儲命世才此日中原糜爛甚扶危可有濟川才

將軍新築傳公祠節義崢嶸婦孺知南有亭林西一曲與公鼎鼎是男兒

太行高聳古幷州豪俠由來邁等儔風俗至今猶古道唐堯虞舜澤長留

訓子歲在巳已元武成武兩兒同時入清華學校年幼就傅余恐其數典而忘祖也爰仿陶淵明命子詩晉爲此敎之

溯我清獻實輔宋邦一琴一鶴高風允彰宋失其政裔徂遐方始遷衡嶽繼徙洮陽終元之世避不受官四分其系孫枝競繁明有中夏吾族復昌吾族本趙清獻公抃之後諱廷禮者見宋政不綱避居衡州嗣又遷廣西全州古洮陽地也陸游有送全州趙都曹詩云正悲南楚秋又送清湘客見陸劍南詩集元朝九十年中吾族無一仕者明朝御宇吾族出仕者又蟬聯矣族人衆多分四村居住曰秀溪即吾村也曰白塘曰梅塘曰櫟樹頭皆隸廣西全州宜湘鄉

崇尚豪俠我祖樂耕生自貴戚澤普平民終明之世繼續家聲瑞芝之記集修竹傳文南野政績節慤忠貞巍巍高第代有其人文章氣節延及於淸樂耕公諱希尹明儀賓服周公子素尚豪俠服周公尚桂王郡主家富裕樂耕公常造屋有少年砌匠喜觀南野公讀書南野公樂耕公子樂耕公問其知書否少年對曰能樂耕公即書一聯命對題曰地邊去土添三水以爲池少年對曰囚內出人增一王而成國公大喜命同南野公讀後少年擢翰林官至巡

撫南野公諱孟豪明進士官至巡按御史方南野公官山西太原知府時樂耕公微服至太原居城外訪察政聲聞頌聲載道乃返過江西有秀才爲嚴嵩黨人所陷公輸金贖出之平日豪俠之事類此者甚多見廣西省志及全州志南野公致仕歸著瑞芝軒詩集及修竹齋文集子孫登科第者自明迄清九十餘人節愍公諱三薦樂耕公曾孫入復社尚氣節官江西按察司僉士巡防九江與巡按袁公繼咸同遇左夢庚兵變公巷戰殉節清追遺烈諡節愍

清三百年簪纓相繼吾父柳溪起自甲第治著於湘傳列循吏
予也不辰逢清末世救國乏能回天無計四境蜩螗駕將安稅
繼志述事期於汝輩

柳溪公諱潤生汝輩祖父也光緒己卯科舉人壬辰科進士官湖南益陽湘陰常甯等縣知縣南洲廳通判光緒乙巳七月卒於南洲任所柳溪公宦湘以教育實業爲保民根本常甯之水口山銀鉛鑛益陽之板溪銻鑛皆柳溪公發起創辦卒後遺愛在人湘紳請於巡撫楊文鼎奏入循吏傳詳細事蹟見清國史館循吏傳　余光緒辛卯舉人乙未進士授翰林院編修官福建江南京畿等道監察御史擢四品京堂督辦廣西實業回籍柳溪公嘗以己志所未行者期于余身而余遭時多蹇吾父所期望者未能展其一二他年繼事述志又期于汝輩矣汝輩勉之無似乃父之文弱無負乃祖之期望識之重識之

汝母胎教服佩高賢汝輩初生擇乳亦嚴汝輩既長惟學當先身宜活潑心貴沉潛新知斯擴舊德毋捐淡泊寧靜諸葛名言勗哉努力守之勿諼 汝母唐氏河南布政使威仰公孫女陝西華州知州松森公女最喜古人胎教之說受孕後即佩名人遺像參考其事蹟懷元武時命許妾佩克靈威爾像懷成武時佩華盛頓象懷欽武時佩張良像乳食衣服皆擇精潔汝母之望子亦深矣今汝輩就學宜守孔子溫故知新之語英文算學固當注意國文尤宜用功不可偏廢至於修身之道予平生最服諸葛武侯淡泊以明志寧靜以致遠兩語不淡泊則競尚奢華志何由明不寧靜則氣識浮躁遠何由致近日學生多患奢華浮躁之弊孔子所謂不可以久處約不可以長處樂是也學風太壞人才亦乏世運日降汝輩戒之懔武侯淡泊寧靜之規以求不背孔子溫故知新之訓他日造就必異於常兒勉之勉之

趙次隴先生 戴文 以孫白谷先生集見贈讀罷感賦

血戰秦關草木腥麾戈無奈日終暝文章字字皆萇碧德義年年照汗青大地河山猶昔日中原名節仰晨星承家我甚慚先哲讀罷遺篇涕泗零 先叔祖南石公諱獻素崇禎時爲吏部侍郎先祖節愍公諱三薦主持復社皆與白谷先生契善南石公忤太監謫督山西雁

門關大墹草場糧務因白谷先生下獄辭官歸後聞甲申之變殉節於廣西全州之石溪節愍公爲九江兵備道因左夢庚兵變督師巷戰被執不屈與袁臨侯同殉節謚節愍

丁巳十二月與趙逡庵羅韻珊兩從事游太原城中小五台仿白香山登城東古台體並用其韻賦此

極目望四野有山鬱崔嵬近臨汾河曲遠矚東南臺中原何泱漭薇日飛塵埃憶昔文中子隱此空山隈著書並講學心志何遠哉我思古哲人嚮往心環迴憑高縱談笑俯仰襟期開神州事正艱毋言歸去來

陳拙公司理福民來語時事並以冰園詩見贈即用原韻賦感懷五首

半局殘棊著手難且來三晉伴孤巒笑他黑白紛紛鬬我作南

柯一夢看

治亂循環理數深風休雲散見天心文山此語眞知道古事觀來可鑑臨（文文山悟道詩云豈知眞患難頓悟大光明雲散天仍在風休水自淸）

湘源曾費買山錢古木森森列戶前芳草斜陽人萬里負他花鳥又經年

昨夜南風吹夢來不知水際與山隈醒時恍記鸚哥語笑我於今似楚材

莫言南北與西東宦跡依然避地翁一語疏狂君信否世間萬事過江風

雜憶 并序 丁巳十月

光陰過隙轉瞬而色相皆空世局如碁回首而滄桑頓換彼夫六朝詭譎五季糾紛蜣螂轉丸蚍蜉撼樹無足談矣即周家卜世漢室宏京美德繼興哲人代作至今讀史考古興嗟人類鏡花事同泡影朝代且如此他事何足憶乎一聲河滿雙淚俱流兩齣伊涼寸心若結陸機入洛擅詞賦於華年庾信哀時動江關於晚歲縱云萬事皆戲能不一往情深爲雜憶六首

年華容易鬢毛侵猶憶王郎紫竹林劍氣易磨雲易散秋風愁聽伯牙琴王彩雲秦腔花旦也善紫竹林一曲戊戌余甫留翰林招之侑酒余友陸吏部輔清見而悅之爲詩云雲想衣裳花想容倚樓才子最情鍾撫端換作嬋娟面妒煞雲間陸士龍余即席薦與陸吏部詩歌唱和甚多今吏部物化已十七年矣

墨色羅衣白練裙桑園含淚泣孤墳歌餘猶憶香菱至賸粉殘脂隔座聞果香菱善桑園寄子一曲

荒臺誰演鐵冠圖小寶歌喉似轉珠猶憶占詩偏作讖二陵喬木幾榮枯羅小寶善鐵冠圖一曲光緒末年余聽而有感口占云一聲檀板近天橋演出江山太寂寥省識興亡無限恨梨園吹斷白牙簫萬歲山前問大家枯陵樹暗月無華宮人刺虎談前夢零落當年帝女花宋師育仁見之曰此詩哀艷伊涼之音也今果然矣

伶官聲價越公卿日下梅郎鼎鼎名猶憶當年初識面手持戒尺訴秦生梅蘭芳余與秦顯庭樞曹識之最早學劇時以戒尺告秦曰每日最苦人者此物也

順兒玉貌比芙蕖嬌小年華十四餘猶憶曉窗風日靜揮毫喜學癭公書阿順少時喜學余友羅掞東字

小如旖旎鬭風姿猶憶長條似柳枝今日鬢眉光照座莆陽合

報杏村知孟小如本花旦余友江杏村勸其改唱鬚生及小如改生脚杏村歸林下已八年矣

題硯在太原得一硯有白塔形命曰塔影硯爲詩記之

一拳怪石自摩挲白塔峥嶸印硯渦恰似天甯隋寺影層層占得日光多

太原文瀛湖寄居四首用杜工部秋興前四首韻戊午稿

漫將城肆擬山林萬象搜羅氣自森綠柳垂絲都近水紅桃結子且成陰彈琴頗有羲黃味講易聊窺天地心治亂循環吾道在何須愁聽女嬃砧

歌枕看書縱復斜焚香竟日讀南華幼兒展紙臨新帖老友來牋饋遠楂適汪千仞逸士以新製午時茶精及神麯精自上海相饋因用柳宗元贈劉禹錫詩郵父饋酸楂句意閒弄蘇黃諸舊

簡偶聽沈祝兩胡笳夜來更有郇風味步月階前數杏花

危樓一角對斜暉塵市何妨隱少微把酒笑看蝸角鬬凴軒閒眺鷺絲飛延賓論世心猶曠教子傳經願不違祗惜故山烽火急春來長憶蕨芽肥

世事原如一局棊不須歡喜不須悲欲知雲散天清意祗看風休水定時斗室儘容吾輩蟄寸心長與歲華馳是非且莫評今古闊眼滄溟再論思

旅居文瀛湖虞和欽館丈以詩見戲依原韻賦此答之

陸沈久已惜神州塵土功名三十休慟世管甯原避地憂時王粲強登樓輕投黑白憐庸手苦戰玄黃到刼頭日課農桑官亦

隱看書教子本無愁

校罷江杏村侍御奏稿送清史館長趙次珊爾巽立傳感賦

十年舊事憶蓬壺耆獻凋零客夢孤精衛何能填黑海子規空自泣蒼梧管甯皂帽名猶在趙鼎丹心淚早枯校罷遺書拚一痛中原何日見其蘇

戊午八月初十日在大同勘礦與張漢傑鎮守使許海瀾道尹曹明夫吳扶青兩司理馮鼎丞縣尹梁叔綸成國丞諸君登雲岡賦此記之雲岡即魏石窟寺

我聞徐常拔劍江南來平夷斬賊烽煙開又聞雁門將軍孤忠炳天日浩然正氣終不摧先賢成敗雖有數中原史册稱奇材

我輩皆具身七尺平生抱負安在哉今日同登雲岡頂蒼茫四顧舒襟懷幾時神工與鬼斧鑿此混沌標新裁因石爲佛露頭角石耶佛耶萬象該武力曾記拓跋魏大同宮闕鬱崔嵬英雄割據今已矣玉魚破碎銅駝埋南朝北朝果誰在河山泡影眞堪哀留此遺像在巖穴雨零日爍生蒼苔我輩摩挲恣謔浪一笑今古同齊諧俯視二萬八千里神州泱漭飛塵埃禹鼎長此苦騰沸吁嗟黃族皆刼灰在昔襄陽羊叔子輕裘拾翠峴山隈一策能救生民戚心如皎日名如雷我輩皆當勵此志安知天意終不回匹夫立志不可奪愚公尙有移山才我輩當以伯禹爲兄契爲友安內攘外綏艱災吁嗟兮我輩抱負安在哉毋使

黃族爲刼灰在大同得岑西林書即赴京見徐東海赴粵調停時局

金陵漫興戊午八月爲調和南北赴粵路經南京作

閑乘一棹訪秦淮舞榭參差伴水涯燕子春鐙銷歇盡泥人今古是裙釵

前有梁陳後福王名流如鯽策朝堂蛾眉頗使雄圖歇鴆毒江山是建康

釣魚巷外問漁家兩岸青溪盡野花壞檻當潮窗紙破江流淘汰幾鉛華

下鄭詩才顧李姿風流不讓古師師終憐一片胭脂水閱盡興亡不自知

懷太原諸君子 戊午十月在廣東作

一載流光似水漂雲山回首路迢遙鍾儀滯晉非長策士會離秦戀舊交黑白殘棊憐刼運玄黃戰局恤中朝欲知別後相思事春雨湖濱種柳條

觀聽圜橋舊辟雍談經猶復見章逢文侯講武兼敷教賓師尊儒且重農世道於斯留碩果歲寒原不得貞松相期共守明夷訓一髮延緜百代宗

渡海夢芝蓀 前清御史趙啟霖別號芝蓀湖南湘潭人隱昌山

杳鄗已死芝蓀隱笑我漂流尚冷官夢裏談文猶似昔醒來閱世幾傳冠鷄鳴風雨天仍晦龍戰塵埃血已乾數載昌山烽火

譬可能寄託一枝安

湘源四思并序

余家全縣古名湘源湘水自海陽發源由湖南入大江故名山水清奇風俗純厚洵樂土也余離故鄉倏忽數載側身南望戰雲四屯民力凋疲伏莽徧野還家何日我心愀然佳兵不祥誰執其咎爲七律四首命曰四思嗟乎願吾鄉人皆思吾之思則吾又何思乎

我思獅子巖前石峭壁嶙峋氣象新一徑盤旋開世界萬山環拱作嘉賓烹茶院子能談道種菜人家識避秦最好野桃千萬樹繁華留得洞中春獅子岩在全縣西門外湘山寺後萬山環繞別有世界中植野桃甚多每當桃花開時余約嘉賓携稚子訪山家閒話坐看紅

雨亂落不知人間世是秦是漢也

我思兩頃柏巖田流水一灣耕綠烟寒雪消時梅子熟南風吹處棻花鮮書聲嘹亮兒勤讀酒態酕醄客滿筵稚子長成吾老大北山應笑鬢星然 余家柏巖距全縣城六十里

我思春雨合江亭獨立能看杜若汀古樹斜陽帆影白野苔流水岫痕青郭窺半面千家簇泉在源頭萬壑靈不到故山今四載閒來時憶鶴梳翎 合江亭在全縣東門外湘河邊鉢盂山上湘水及灌水滙流處

我思八月隴岩游洞壑幽深似十洲石虎蹲時寒倍慄天龍飛處跡仍留持燈聊辨東西徑按畝猶分上下疇郤笑仙人太多事年年鬭奕幾時休 隴巖一名龍岩在全縣北門外二十里一洞幽深中有龍虎像及石田石佛仙人對奕等像皆天然相肖不假斧鑿

題手杖

提携行萬里仗汝壯征郵作我馳驅範聊爲汗漫游煙霞春縱艇風雨夜登樓待到歸田日還持學放牛

潛并廬詩存卷二

全州趙炳麟竺垣稿

己未新正和李芬浦慶芳四我詩韻并寄清華學校示兒元武成武及惠玄姪

君年四十我長六四十六年如一晨上壽百年將過半瓣香期付後來人

近年第一快心事上學諸兒趁早晨爭弄風琴奏新樂美洲聲調最宜人

本無我相及人相久視他鄉作己鄉況在河汾風俗美深知堯舜澤流長

料得都門燈節好老妻含笑過新年四兒倚膝敲鑼鼓五子牽

衣放紙鳶

聞游太原文瀛湖感賦 己未

兩年同室自操戈吏隱并門且放歌四十光陰傷逝水八千風月付輕波登樓有客依劉表使粵無能下趙佗閒向文瀛湖上望煙嵐九點碧於螺

題趙端容夫人畫

姑射仙人水竹居揮紅灑綠興何如含毫野逸徐熙畫落紙淸圓魏國書鼓翼草蟲眞躍躍翻空粉蝶竟蘧蘧閒傾一滴椒花酒爲代靈均酹女嬃

題朱復初先生善元所藏周嵩畫龍

我聞龍出天下治雲行雨施世稱瑞自從龍亢萬物離滄海騰
波多詭異龍隱不見天晦冥百怪獰猙鬭恣肆周生潑墨蓋有
神尺幅之間善安置翩翩宛宛不可模寫出神龍作游戲祇今
龍去海水枯令人遙想雲霄常墮淚

題朱復初先生三十六硯齋圖

我自避囂潛寓汾河邊芝蘭喜結朋儕緣銜杯論古見朱子羅
列上下古今置眼前廣搜名硯三十六奇癖不讓東坡仙鳳咮
龍尾翻新樣精靈久秘陵谷遷幷門城北新覓地小河築室供
高眠楊花點點落書案焚香靜坐如枯禪錦箋遺我琳琅句詩
潮百丈匡廬泉我昔曾作春明夢游踪偶過城南偏市人囂我

温公硯寶之髣髴得玉田當時臺諫諸同調把玩故物多詩篇
舊游回首嗟雲散神州歲月箭離絃至今硯在時世異題君畫
圖意惘然

己未八月二十七日在曲阜恭祭　孔聖後即赴泰安登
泰山頂賦此紀之

歲在己未秋八月二十七肅冠祭素王中庭列八佾鼎彝陳懿
芬吾師其饗肸痛自近年來新潮苦蕩潏正道晦不明莠言甘
似蜜使我神明胄憒黯如黑漆西風吹聖林楷木聲蕭瑟雖聞
鐘鼓音孰挽波濤颶趨蹌盡九拜迉遲祀事畢乃辭闕里庭命
駕泰安出道途二百餘車輪擬電疾次晨履山欉岱嶽瞻崪崒

六千八百階望之堪惴慄山下何所有古柏挺奇質旁祀玉女神煙霧堆鬟髻軒轅實遣汝紀載尚可覈摩挲寫經崖字大徑逾尺鐵畫與銀鈎迄今猶完密嘉哉王子椿當與羲之匹步至中天門境遠心愈軼有碣輦道邊大書能記實七十有二君封禪此留迹古松與綠竹輪囷復秀逸傳自秦皇時曾受大夫秩登至玉皇頂四顧堪驚怵汪汪汶水河如帶渺一帙峩峩傲徠峯低首若在膝環城屋參差點點小於蝨遥觀白雲洞雲氣蔽白日日光逼雲興波瀾若盪溢覽景闊我懷考古評得失祖龍此立碑高宗亦駐蹕一則焚詩書一則尚詞筆焚書固賊道尚詞終何益帝制雖堂皇民生眞梏桎粤若稽古訓執中守精一

四海如困窮天祿永終必維昔帝王箴孔子常稱述背者世必凶合者世必吉我今觀中原黯然長太息望魯雖有心假柯恨無術昂首欲問天鐘聲出梵室歸作游山詩萬銎助吟律

攜幼子欽武游圓明園遺址

破瓦頹垣夕照中當年曾見九州同楚人一炬憐焦土麥黍蒼涼感故宮

獨行文瀛湖冰上口占

履薄當知險行堅不畏深獨來尋靜域猶未失氷心大帛吾慚暖孤蹤孰與歆願攜竹如意牢落寫商音

題意空道人畫梅

意空道人善悟空手持一軸來幷中畫師畫梅兼畫意空諸色相方爲工世界衆生阿那含太始非始終非終我願意空空一切毋爲造物潛磨礱如來不來無不來白雲萬古彌蒼穹我題梅花兼題意嗚呼吾意其無窮

集裝舊藏翰林卷摺名曰翰林春夢偶存題此紀之庚申稿

何物老嫗譏東坡翰林富貴一場夢我自束髮卽受書伏案喜爲柔翰弄每聞斯語一笑之視同楚狂嘲魯鳳二十射策登大廷郄詵竟隨羣玉貢 德宗奮發思有爲芻蕘偏採長揚諷(余書法素劣乙未 德宗激於甲午之敗思得賢才悉去忌諱以余對策言時事由三甲拔至二甲第十一得入館選是年由 德宗親拔者四人一駱成驤由第三拔第一一喻長霖由第十拔第二一康有爲由三甲拔二甲)從此翺翔靑紫間九衢翼翼同飛鞚西園翰墨古所

稱工書始覺朋儕衆衛恆布勢如星陳鄭虔運筆若風送羲之
蘭亭懷素草錦囊收貯光鴻絧物極必反理固然盛衰循環天
磨礱制科罷後此調希玉堂寂寂塵封棟帶刀日貴握筆賤世
事年年傷倥傯邇來刼運到文字鸞凰吞聲虺豕鬨張嚚自爲
失水鱗謝泌願避充門甕憶昔王楊黎任才或死或隱不勝慟
始悟浮生夢一場春婆此語良沉痛人亡國瘁字尙新咽李賸
有於陵仲抽毫濡墨綴此言百感闐膺寒淚凍

題　先君庚寅詩稿 謹依原韻

風雨鵑聲滿四山望雲猶復戀鄉關無如親舍今安在色笑追
思不再還

當年烽火滿榆關記得孤篷戴月還從此洞庭添夢影愁聞香火說君山甲午中日之役津沽震動　先大夫以即用知縣分發湖南麟以次年會試未獲隨行自是屢違色笑　先大夫雇小船由通州至津渡海抵湘自益陽調任湘陰最久　先大夫逝後湘人請於巡撫楊文鼎以遺愛在民奏　准列入　國史循吏傳

似水年華去不還墓田漠漠近嚴關每思庚子年間夢灑涕拈香湖口山庚子　先大夫聞麟在京上書論拳匪爲紅巾黃巾適音信隔斷　先大夫寢食俱廢爲麟延僧誦經於洞庭湖口之赤松亭

晚年父喜白香山一達能空生死關和淚和煙題此片桂雲寂寂鶴知還

題藍田叔寒雪騎驢圖

但書甲子不書年故國滄桑意惘然寫出畫圖寒徹骨料應參得白雲禪

故人回首半蟲沙雪裏騎驢問酒家最是畫師惆悵事南朝一夢寄桃花

和欽親家以潘思牧種梅圖見贈賦此紀之並懷故友江杏村

蓮巢善畫一樵繼兩潘並美名如雷我昔曾遇吳門客鬻我便面同瓊瑰梅陽山人偶見之爲題數語重低徊（光緒末年蘇州友人售我扇面二十餘有兩潘及大滌子等所繪余友江春霖號梅陽山人見而稱之爲題數語於扇尾）年光一瞬十餘載神州浩蕩飛塵埃自從吏隱來山右訂交得子心無猜文瀛湖上幾聯句傅公祠前數舉杯更有一癖同好古零縑斷幅搜羅堆君今贈我一樵畫點綴煙雲費妙裁感君雅誼不敢却披圖百感從中來梅陽種

梅三百樹樹含有冬青哀江郎一去不復返梅花萬古猶長開風雪鍊神氷鍊骨寒香彌滿空山隈子山園小花偏茂葭蒼露白堪溯洄（梅陽山人晚年種梅數百株自題聯云園小庾子山栽花猶幸多餘地世無曹孟德種菜何須更閉門）幷門一隱忽三歲荒我花圃生莓苔會當匿跡春明去庭雨西山好種梅

題閣天池手書遺詩

幷門仍冷亂鴉煙百刼惟留蠹蝕篇閒向墨林尋斷句海紅灕碧夢游仙

偶寄蜉蝣偶結緣詩才畫理早通禪零箋剝落無人問彌悟文章亦偶然

題趙千里丹臺春曉圖

我聞趙王孫畫法宗龍眠毫端一展一千里飛紅灑綠若有仙
寫出丹臺春欲曉千峯萬壑生蒼煙朱漆欄杆圍磴道玲瓏樓
閣凌雲天何人山半跨牛背疑是柱下老史來自函關前我欲
呼之叩衆妙道無可道玄又玄憶昔我游泰山頂秦松漢柏看
葱芊古殿盤空耀金紫層巒互皺相緜聯日觀峯頭觀日出嵐
光霧氣瀰滿山之巔今觀此畫雖剎落仙蹤一一猶顯然蓬萊
清淺供隻管洞府幽深現幅箋臥游得此良足寶海上三山屋
角懸本來觀世如觀畫令我閉目側耳翹首遐想壁上髣髴聞
鳴泉

題東甯陳氏南臺番俗圖

有地實爲南國屏滄溟環繞忞浤汩蓮花池水長淸漪筆架山形挺崔崒臺灣有蓮花池及筆架山昔稱勝景昔聞英雄父子鄭投戈一笑人驚恍中原板蕩見祖鞭風雲起伏隨項叱將軍飛來晉江施銅山樓船趁風疾玉案既平木岡下收取東甯歸統一臺灣古稱東甯玉案山木岡山皆臺灣屬見一統志陳瓊吏治振海疆循良首著龔黃匹陳瓊海康人康熙間平定臺灣瓊治臺盡心教養循良稱第一臺人祠祭之德教涵濡數百年生熟兩番賴撫恤巨室復傳子慶賢豪俠仗義人稱述博學獨諳風俗通能將品物形容出蠻花鮮艷增媚姿島民獷埜露奇質王會當同立本圖山海未讓江灌筆毫髮盡肖無舛訛紙上直欲肆翔逸丹靑豈徒逞妙才考覈職方納王室陳士俊字子慶臺灣縣人博學好施康熙雍正間出粟賑饑存活無祘又置義地於諸羅鳳山鄉里稱謳比之萬石君尤善丹靑得寶甫衡山之精髓不輕作畫故世罕知者

此圖有雍正十二年事上用之上字擡寫必係雍正末年或乾隆初年進呈內府之本幾經刼火流落塵間也人物二十餘開植物十餘開動物僅四開必有闕失故款無可考

似此至寶存豈多展卷流觀知故實胡爲棄置塵壒間零縑剝落無人悉嗟予好古不逢辰手拾寒瓊列緗帙祇今圖在萬事非舉目河山淚橫溢

柬常子襄 贊春山西榆次人

我昔居京華禋禮素王室有客峩冠來深衣耀白日九拜籩豆前長髯態靜逸祭罷問姓名未語情先密知是山右常便便富經術遂訂道義交共保松柏質願爲芝與蘭未能膠合漆吏隱來并門歡洽尤無匹居近文瀛湖朝夕恒接膝我闢五畝園種瓜將結實命兒培其根勤勞勿稍失守此讀與耕庶免爲驕佚

常子偶見之贈我遺山律古篆盤龍螭髣髴秦漢筆故人期許厚三復中心慄合當共歲寒灌園葆貞一

得湘潭趙芷丈書言移居避亂感賦

日暮幷門冷亂鴉故人牢落隔天涯山中事業堪千古刦後村墟賸幾家多難只留肝胆在餘生彌苦歲時賒九州何日看同軌閱盡星霜老鬢華

幷門種菜

賃宅幷南門隙地得五畝我本農家流喜爲灌園叟督工刈蕪蔓區分左與右左區植瓜瓞右區種薤韭葰茂復緜延蓬茸滿岡阜雨過衆綠滋蒼翠滴吾牖好鳥時來翔鳴聲若求友呼兒

植我杖酌我一盃酒豈欲食其甘適吾性所有四鄰多黃塵得此亦非偶悵望柏樹墩雲霄橫北斗柏樹墩余在全縣農墾處也

題閻天池先生蛺蝶圖

色相參空下筆狂蘧蘧栩栩任荒唐居然一枕游仙夢爲蝶爲周兩渺茫

草綠南園白也詩韓魂祝魄總無知禪心悟透能觀化豈必仙翁彩色絲

昨宵曾鬬美人裙香夢迷離酒半醺曉起枝頭花露淡是空是色太紛紛

春色繽紛滿玉臺嫣紅姹紫一齊開畫師袖有窺天管寫出芳

心到蝶媒

謝趙意空道人畫松壑圖

無定河邊烽火明素甲耀日綏戎纓黃埃擾擾正多事焚香兀坐幷州城幷州城荒地僻靜尙無風鶴來相驚忽傳使者持畫至畫爲道人點染成紙尾繫以七字句讀詩讀畫心期淸千峯萬壑迸筆底老松旁薄虯枝橫道人生居輞川近固宜摩詰埒崢嶸我昔罷官還桂嶺草堂曾以萬松名威夷湘水繞墻角千雲陡壁天邊撑蒼松一蔭六十里雜以丹桂與山櫻有時呼農賭棋局桂花松子落枯枰自別草堂今五載北山笑我何營營今觀道人畫中景髣髴湘上方躬畊道人胸中有邱壑令我一

見心爲傾置諸壁上忞臥游頓忘楚漢猶紛爭

題徐戟門觀察雙槐堂養親圖

昔游四載無所悅所悅處友多人傑隆冬撥火百無聊爲訪良朋冒寒雪雪中造此雙槐堂伊人孝友余心折板輿迎母來堂中白華供奉勤且潔病中醫藥必自煎兩月不眠面紋裂世風日澆人變鬼得君方欣道未滅有客畫法宗輞川走筆圖之任披閱我欽君孝題此圖含毫未下先嗚咽憶昔少年宦帝京嚴親爲吏長離別母依老父滯湘中晨昏定省年年缺浮生如萍容易散父兮母兮旋永訣焚黃薦斝酹酒漿地下何曾一飲啜羨君五十親尙存曾參酒肉未嘗徹人生難得惟此歡千鍾萬

鎰皆漂瀓和煙和淚爲此詞茫茫吾恨無期絕嗚呼茫茫吾恨無期絕

庚申十一月二十六日爲炳麟四十八歲生日在太原慶華春酒樓成二十二韻

彈指韶光速匆匆四八年人情蒼狗變世局白駒遷每憶童蒙日欣逢父母賢談經親授讀執爨客開筵 炳麟少時皆 先父柳溪公敎讀有父執或師賓來先母親自入厨執爨宴之 愛日舒磐石春風聚漢川雕蟲初獻技射虎幸登先 磐石在全州城 先父己丑在此掌清湘書院炳麟是年入邑庠漢川在興安縣 先父辛卯在此掌敎炳麟是年登鄉薦 弱冠叨科第承平侍木天鉛刀偏喜割鐵硯敢嫌穿未信曹瞞毒空張李尉弮竟招豺黨忌徒惹鯉庭憐椿謝湘江霧萱凋桂嶺煙春暉離寸草滄海忽

桑田鎩羽傷鸚鵡招魂哭杜鵑冬靑朱鳥寂秋老白宮愆往事同蕉夢餘生悟蘖禪爲尋文子蹟來受許行廛鷄酒荒陶室琴書滯米船世屯紛蔓衍余志矢蘼卷天地留肝胆星霜老鬢鬃自娛惟課子習靜學游仙乘興聊觀化隨時且結緣擊將竹如意賦此小言篇

和鹿遂儕同年學良解官留別用原韻

正是幷門雪霽天故人辭我賦歸田記攜琴劍來三晉喜訂芝蘭忽五年酒白花黃添夢影海紅瀟碧憶前緣鹿門去後蒼松在好向江郵訪浩然

介弟同登選佛場余與乃弟同登辛卯鄉試太原喜結白眉常滿廬古藻畫千

軸一曲狂歌酒數行法肅烏臺春有脚詩成紅袖夜添香明年
重至長安道當把醇醪一滌腸

答方惟一還用原均

不見方惟一開函慰別腸論交肝胆赤慟世鬢毛蒼寫意詩千
首銷愁酒數行何時返京雒重與惜殘陽
嗟余爲吏隱濯足在滄浪老性皈禪寂餘生託莽蒼孤蹤任牢
落濁世與低昂誦子琅琅句憐吾蚩蚩氓

在虞和欽親家處見章一山文存中有　先大夫國史列
傳爲此詩寄一山

戰雲彌滿桑乾河千軍萬騎肩相摩黃埃不到幷州市朋儕文

義猶堪磋偶來城南訪虞子書峯案上堆嵯峩素籤列有一山集立論嚴整無偏頗我把一函信手閱皇然驚起涕滂沱先君曾入循吏傳三湘父老嘗謳歌未知國史何人筆十年倏忽白駒過當時我已罷言職桂林叱犢耕煙蘿赤伏眞人方六歲萬事詭譎如迴波海水枯竭白石爛芒芒禹域皆兵戈河汾欲訪文中跡晉游四載一刹那快覩奇文誌吏績髣髴暗室輝羲娥願向一山乞一册子孫繼志資搜羅九州他日倘同軌靑史紀載無舛訛海上飛鴻時有便惠我片紙期無他申門若遇黃巖喩（喩長霖浙江黃巖人）爲告竺垣髮亦皤

徐南洲翿將回北京以詩見贈賦兩截句報之

晉游三載逢徐子飲酒談詩興不孤一唱驪駒千里去離悰惱亂趙凡夫

我意年來亦倦游恨無大壑可藏舟君行若遇桃花峪約我南山共飯牛

恭題　聖祖御書樓帖後幷序

聖祖巡晉時賞　御書於羣臣羣臣勒石撫署顏曰御書樓炳麟得康熙時初拓本帖前後皆附康熙庫箋盖留題未題者　御書或錄古詩或錄　御製詩想見當時君臣一體民康物阜之盛而過長城詩有云當時用盡生民力天下何曾屬爾家　聖祖心厭秦皇專制尤見乎詞竊嘆孔

子所謂大道之行三代之英至康熙時而實見文治武功秦漢以來所未有也炳麟得帖後因求御書樓故址則改爲考核處各碑悉封閉矣感而賦此時庚申九月七日也

芒芒禹域塵迷離上墋下黷無光曦并州地僻城如斗飛塵不到人稱奇閒行肆上見 御帖誰其書者曰康熙購帖伸紙盥手讀照耀日月蟠龍螭憶昔 先皇西巡狩嚴冬無雪心煩悲小民粒食資宿麥冬如無雪春無炊陟方初入固關道雪花便娟廡與墀至誠固宜上蒼格羣拜稽首 帝曰咨咨汝院司位方岳唐風儉樸慎毋遺咨汝百牧朕股肱蒸元寄託善保鼇民之視聽悉天寄下民易虐天難欺咸聞天語起鼓舞幸飽仁義

甘如飴幾暇有時弄文翰雲煙揮灑何淋漓龍騰虎臥氣雄厚
珊瑚玉樹交柯枝詔賜羣僚誌相悅曷賡徵角無差池方召聯
翩共珍庋貞珉鏤刻臣當為建茲樓臺告萬世歸然巋靈光
垂　先皇少時亦多難外有惡虎內荒魍斬魎驅虎在俄頃天
授文武非常姿年未四十即大治蕩定中原朝四夷實踐孔言
見堯政唐宋小康烏能窺似茲手澤關至道毫髮未壞神護持
禹鼎湯盤等珍重遑論李碣及韓碑世人頗知好古物掘地遠
覓殷墟龜忍失義娥撫星宿毋乃買櫝同狂癡我生不辰遘陽
九對此百感填心脾安能斂政稽方策一洗塵穢蘇民痍

再題東甯陳氏番俗圖 并序

中魯昌題此圖因有一江春水圖章斷定陳爲鄭氏遺臣之後感賦一截句

中原社稷早墟邱海外遺臣戰骨收欲寄滿腔亡國恨一江春水向東流

題顧西梅美人殘幅辛酉稿

錢塘秀才名顧洛慣將彩筆繪閨閣何時畫此嬌媚姿共倚欄杆採紅芍四圍剝蝕無遺縑賸此嬋娟雙影託怪哉蠹子亦知情不食鉛華盡零落長者艷似梅蘭芳少者美君同秀弱柏巖見畫倏懷人斗室懸之慰寂寞憶昔蘭芳十五時雲龢堂上流霞酌髣髴寒梅初著花又疑玉樹方開蕚廿年光景一剎那梅

郎譽起雲間鵲去年京門得美君腰如束素肩如削對帖能臨大令書揮毫瀉擬將軍鑿美君墮溷固堪憐梅郎顏色亦非昨柏巖近頗悟禪宗是空是色毋穿鑿紅顏白髮俄頃間何如愛籠畫中索

輓陳松山給諫 陳田號松山貴州人官掌印給事中彈劾不避權貴著明詩紀事數百卷

噩耗驚傳一紙書京華遙望痛何如批鱗草疏心猶昨唧石塡滇事竟虛地下忠魂應擊賊天涯別淚渺愁余杳郁墓木堪盈把回首臺垣已故墟

養花詞 壬戌稿

客冬偕家顯廷兄游申家花園購得梅花數盈置之房中

開花爛縵因用澹雲微雨養花天意占養花詞

澹香經露更繽紛種在窗前當古芸漫擬眉山蘇學士行年四八樂朝雲

澹裝濃抹總芳芬醉後聞來也解醺豈必春明風月好余前在北京有風月曲香山自有妙鬘雲

得趙芷蓀丈病中手書

半載無消息余懷結未舒飛鴻天外至司馬病中書年祝昌陽引邪漗道力除南天雲正惡近狀復何如

寄五台蕿芷蓀

此物芊緜出五台天公雨露逐年培功同遼產人蕿果寄與昌

山逸世才道骨淸剛非藥煉閒身安否費余猜并雲湘水三千里每誦蒹葭自溯洄

壬戌夏在并市得康熙時孫良臣古琴偶拈小句

午夜香煙縷縷清冰絃聲和步虛聲小樓新月涼於水只許嫦娥入座聽

和欽親家爲余督工修理孫氏舊琴賦此贈之并錄琴腹

荏苒年光白髮侵河汾晦跡得同心小窗兀坐閒無事指點家僮補破琴

張芹蓀 鴻藻 在東園賞牡丹以詩見示依韻和之

樂處常尋孔與顏春風駘蕩舞雩間張郎老筆偏新艷欲寫娥

眉似遠山
我讀瓊章亦破顏萬花爭艷百花間南强北勝紛紛擾怎似伊
人靜樂山
休言白髮對紅顏悅性姚黃魏紫間我有閒情堪自笑衆香團
繞似香山

江東布衣爲四子欽武督工造琴賦謝
爲攷宮商定軫徽幼兒得此悟眞機井陘桐木天然籟多謝江
東老布衣

催江東布衣孫靖塵造琴
告我良工得異材荷花生日送琴來於今荷誕將彌月猶未琴

聲放勃雷案牘料應妨韻事暑炎或亦擾淸裁柏巖居士焚香待聊把詩當羽檄催

臺山紀游

壬戌八月與趙遂庵先生良辰率四子欽武游五臺山沿途得七截十六首七律二首以紀盛游其目列下

出城

纔出郊原俗慮刪野田莜麥色斕斑馬蹏緩緩籃輿穩一路鈴聲臥看山

檀村趙遂庵留午炊

十載相交似弟兄烹葵留我話縱橫兒能誦讀妻勤儉有樂如

斯足慰情

宿農家

告我今秋大有年男耕女織幸無慾菜羹麥飯高粱酒如此迎賓實灑然

清涼石相傳爲文殊講法處又名曼殊牀

清涼石上訪禪宮講法無人落日紅只有飛泉作奇響朝朝暮暮說空空

宿金閣寺

一粒河沙藏萬界緣何效墨復悲絲欄杆斜倚聽簷馬絕似端門侍漏時

望梵仙山 志稱昔有五百仙人在此餌菊成道

梵仙山上望仙靈隔嶺西風送梵經欲訪乘獅人不見菊花猶笑暮煙靑

鎭海寺 寺有活佛墳墳前有殿殿懸 聖祖御書香閣慈雲額相傳即 章廟山陵

白塔亭亭埋佛骨 御書濯濯頌慈雲遜荒千古傳疑史三百年來帝子墳

顯通寺步月

月在山中分外明堦除閒步萬緣淸曼殊不語頻頻笑示我淸閒即佛情

菩薩頂詠事 志稱唐李靖爲代州太守時惡佛毀寺偶因畋獵至臺山文殊普賢化爲男女同浴靖彎弓射之追至菩薩頂矢在文殊襟上靖大

感愧拜謝而返今文殊像前有龔矢武人像即靖也

萬理會通通佛理佛心本不異凡心代州太守眞多事錯把彫弓射佛襟

殊像寺 志稱文殊在此現像塑文殊騎獅眞容

無色相中求色相金人丈六出毫端寸心自有龍雷力化作靑獅白象看

五郎祠弔古 祠爲朱楊招討第五子祝髮處有五郎像及鐵棒 聖祖題詩云棄却干戈披衲衣個中爭許幾人窺只今惟有臺山月夜夜空臨楊老祠

夕陽山下五郎祠駐馬來尋剝字碑朝代幾更留鐵棒江山自古似彈棊

望臺頂

臺山五點似旋螺輭草香花滿澗阿遙望上頭霏白雪應從冷處悟彌陀

行宮

鬘佛何年謁至尊紅泥墜落古牆門大弓寶玉漂流盡靈鷲山頭望帝魂

茆棚訪楊時伯不遇

約我彈琴鬘嶺巔如何先我冒風還我來君去如勞燕爲訪茆棚一悵然

中秋宿東冶鎮

萬里蟾光一樣圓照他世界徧三千客中攜有雛齡子解作中秋白話篇

東成果庵僧髻照 髻照約余擬結蓮社於八功德水因台項有雪未獲赴成果庵賦此寄之

欲過西臺訪遠公雪花遙襯夕陽紅崎嶇未得成三笑留待他年謁梵宮

望令公塔 志稱楊招討忠死子五郎收骨建此塔

憶自雲中轉戰來陳家谷畔事堪哀援兵不至將軍殉敵患初平國政乖野草閒花圍古隴亂雲頑石繞荒臺堪憐遁世緇衣子曾裹沙場父骨回

臺山道上

磴道迴旋繞澗溪登臺路險似登梯層巒重疊迎人面亂磧參差礙馬蹏松鼠避人尋石鱘海鴻掠影與雲齊我家亦有名山洞八桂連天望眼迷

徐州道上望雪壬戌十二月

早起開窗一望清乾坤果見大光明子房山上瓊花放彭祖樓前玉樹成萬象空靈歸俯仰寸衷颯爽見精瑩飛車一瞬一千里莫辨隋堤與宋城

西湖柬北京趙遂安湘潭趙芷蓀

纔陟臺山路旋游西子湖餘生同鶴放到處寄蝸廬葛嶺花初綻孤山雪正鋪天涯容一棹沽酒夜投壺

西湖柬太原虞和欽

放鶴亭前梅正開孤山容我片帆來寸箋寄與虞空谷和欽在大同有句云空谷不田砂滾滾亂山無樹雪皚皚時人稱以虞空谷如此家鄉胡不回

西湖柬羅荇樵

雲溪寺外竹千行卅里湖波似鏡光爲寄片言告耆舊竺二公心事正清涼

西湖示兒子元成武等

西子湖邊武肅祠祠成清獻守杭時趙家宦橐惟琴鶴爲寫清風告汝知

紀遇

壺春樓畔西冷社中有鮮花蕚半開一飲瓊漿心欲醉香風縷縷拂茶杯

題手杖

一葉飄來作浙遊雲龍侍我少勾留何年得適湖山志攜汝同居樓外樓時攜澹雲龍珠兩姬飲於湖上樓外樓買得籐杖賦此記之

遊天竺幷序

余生時　先父母夢天竺居士入懷因名余以浙杭字余以竺垣今遊天竺羅漢堂廟貌佛相皆余夢中所常見賦此以記

儒佛皆言三世因過來身卽未來身何如一切都清淨不滅不

生見性眞

潛幷廬詩存正誤表

冊別	頁數	行數	字數	誤	正
卷一	第一	第十一	小注已字下	已	未
	第四	第十四	小注樹字上	枯陵	觚稜
	第五	第九	枕字上	歌	歃
卷二	第六	第四	雨字上	庭	夜
	第七	第五	瓊字上	凍	陳
	第十六	第一	雷字上	勃	忽
		第十三	高字下	梁	粱
			此字下	迎	延
		第二十	門字下	侍	待

柏巖感舊詩話

柏巖感舊詩話

柏巖感舊詩話卷一

全州趙炳麟竺垣稿

顧亭林先生墨跡世不多覯宣統庚戌二月長沙饑荒民變余省親至長沙購得亭林先生手書詩條其詩云地肺秦封隱山腰宋苑迷河流縴巖北江坼白門西赤日幽崖雪靑天折坂泥蒼蒼但松柏無處着瑤梯豁達垂靑野逶迤歷翠峰池天開地鏡崖瀑響山鐘赧落銜溪鳥雲歸擁石龍秋風正蕭瑟杖屨得從容削成疑泰華鼎立儼蓬萊西北神州拱東南王氣開風雲蜷澗壑日月敞樓臺望斷蒼茫色銜杯萬里來詩中含規復宗社之意先生遺集未錄此墨可寶也

先大夫柳溪公以郎用知縣到湘受知於陳右銘中丞寶箴戊戌

中丞因政變革職　先大夫宰湘陰扁舟送至洞庭中丞勉勵甚殷故　柳溪公送中丞詩有句云白髮數莖猶戀闕清風兩袖幸歸田余掌京畿道御史時爲中丞代奏請復官立傳中丞去世已十年　柳溪公去世亦七年矣中丞公子伯嚴吏部三立博學工詩清覆後隱居上海與李梅庵道士瑞清樊樊山方伯詠歌自遣佳什甚夥余尤喜其自滬還贛清明上冢云山風含涕洟跽此遠遊客薦物阻兵戈三歲霜露隔松楸亦改世撫我先朝碣國覆復爲人慘澹覿魂魄九幽目不瞑易器乘肘腋非想託華胥誣天熄王迹流徙到孤兒窮海供一擲蛟龍肆出沒豺虎愈充斥隻影遂生還夢寐踏阡陌擎杯寒雨中雲擁千峯白

步步視宿草忍憶印履舄空對銜紙鴉飛集舊栽柏又月夜墓上云烏棲雉伏夕漫漫孤月輝流隧道寒一徑仍爲千嶂擁三年初倚萬松看神靈縹緲迎被髮江海飄零訴剖肝換世歸來兒更老悲風吹樹淚汍瀾惻惻動人讀之淚下又滬居云生逢堯舜知何世微覺夷齊尙有山亦佳句也

宋芸子師育仁專精三禮喜爲詩所刊問琴閣詩集皆早年在翰林時作晚年潦倒詩益進多未及刊余記其參使法國時各詩渡海至香港云金天瑤瑟倚人間靑鳥西飛去未還斷港一條衣帶水環樓萬樹畫屛山越人此地遺珊網王母何年獻玉環行到番禺求蒟醬翠游雲氣似鄉關題拿破崙墓云重椽四

啟象明光下有幽宮葬故王陪輦幾人居此室生天何處傍諸方三年成槨名先滅百戰搴旗國早亡幸免血流諸國土夕陽愁照紀功坊至巴黎云樹抱樓臺海氣靑江南四月雨兼晴坊高日隱前朝字車轉雷喧昨夜聲日飲葡萄忘正味古傳桑艾失方名綠瀛三變成田後修到人天第幾生渡地中海云海中有物令人思臨海甘英渡已遲今日地中眞鑿空當年博望惜無詩仰瞻斗極天垂處揮手河梁日暮時沙漏一程三萬里乘槎漢使不曾知又庚子避亂檀柘寺云一水萬重山一山萬重樹夜夜聞鐘聲此心在何處聯軍陷京師兩宮幸西安云果見陸沉飛海水卻看日近遠長安皆佳句也

先大夫柳溪公壬辰會試第進士出浙江戴青來先生兆春門下青來先生文節公熙之孫也以文節公畫册贈先君畫有文節公題詩云平湖渺渺水悠悠風作淒涼雨作愁同是舊游君憶否過江帆影白於鷗其人其畫其詩皆足千古

張南皮袁項城皆主持廢科舉興學堂者後見學術日漓皆有悔心南皮詩云理亂尋源學術乖父仇子刼有由來劉郎不嘆多葵麥祇恨荊榛滿路栽項城亦有金芝玉樹化爲荊榛誰爲厲階思之淚下之語然天下滔滔未知伊於胡底也

余在翰林與沈北堂鵬江杏村春霖友善兩人皆篤於忠愛而仍癡情於兒女北堂嘗宴一妓家妓訴其身世之苦北堂傾宦囊

予之已雖斷炊煙不計也杏村愛京伶孟小如有詩云淪落天涯客長安汗漫行看花春二月秉燭夜三更老性邀薑桂閒情寄燕鶯英雄亦兒女惆悵話平生孟小如本唱花旦杏村曰花旦不能耐久欲謀終身衣食非唱鬚生不可爲置袍帶延師敎以生脚其癡情如是惟忠愛之心無一時或去北堂獄中聞庚子之變誌感云回首長安感慨多宸躬消息近如何兩年縲絏思金闕一夕烽煙渡玉河算我無能空嘆息逢人多淚自滂沱聖朝恩澤知無數應有遺臣夜枕戈杏村罷言職諭旨稱其戇直杏村告歸賦詩云朱雲汲黯昔稱賢戇直羞將譽並延葵藿有心空向日芻蕘無力可回天放歸田里原應爾得返蓬瀛豈

偶然宮錦舊袍萊子服雷霆雨露總矜全一別家山又九年俸餘只剩買書錢久無甘旨供堂上獨有平安報客邊班列神仙知不賤老來母子更堪憐他時　聖主如垂問爲道之推已隱縣殷勤樽酒足留連驪唱還兼寫鳳箋俊逸清新令鮑庾悲歌慷慨古幽燕良朋何日重携手事　主同時半比肩莫怨別離六千里北來南去信能傳北堂早逝未及見國亡之慘杏村歸後不一年而淸覆杏村棄家爲道士栽花種樹以遣世慮自爲聯云園小庚子山栽花猶幸多餘地世無曹孟德種菜何須更閉門

陸紹淵司勳輔淸有幼慧七歲即能屬文官吏部與余相得宴會

中余招伶人胡才子號呆雲者侑酒紹淵一見大悅口占詩云雲想衣裳花想容倚樓才子最情鍾無端幻作嬋娟面羨殺雲間陸士龍余卽薦呆雲屬紹淵紹淵爲畫一像題菩薩蠻一闋云五雲仙袂蹁躚起笙歌一洗箏琶耳玉貌復何如鮮於出水蕖歌詞渾不解笑許黃金買若個最風流應推趙倚樓一日宴同豐堂伶人呆雲小旋風瑤琴錦瑟皆在座酬酢甚歡紹淵忽作悲狀謂余曰吾不久死契如竺垣何以輓我余戲集諸伶人名爲聯云無行不同道無話不同心痛今朝雲散風流十載舊游成短夢有酒必共斟有花必共賞奈此日琴哀瑟怨一聲河滿泣長征紹淵曰聯佳矣明日當爲祭席請我我可生受余曰

今夕之席卽祭席也一笑而散後數年紹淵得疾自爲輓聯云生有自來卅載未忘青史事死何能已九泉猶念白頭翁卒年三十歲蓋封翁賡卿先生尚在也紹淵先人陸生枏先生雍正時官工部上書請親親忤旨後因事譴戍黑龍江又因撰通鑑論陷刑戮紹淵鑒之不談政治余每上書紹淵必勸阻之

余長子恩賜甫周歲卽能誦讀甲午八月初二日合掌生丁酉八月初二日合掌殤人多謂爲佛子轉刼　先大夫痛極爲余納一妾號曰盼恩蓋盼恩賜復生也貌美性慧長沙人年十五隨余散館至京病瘵死葬北京彰義門外余爲長相思一闋題其墓云秋風清秋雨零風雨飄瀟打落英黃昏愁不禁燕山青

燕水深山水蒼涼無限情芳魂何處尋余在京欲另納一女續之訂定天津金家窰李姓女年十五在馬家鋪火車爲混混名小黃者搶匿南新門外將鬻諸靑樓媒人來告余紹淵曰佳人已屬沙咤唎義士今無古押衙當是時余岳父唐暉庭先生（椿森）以兵科掌印給事中巡視南城南新門外隸之余因詣先生請計先生曰私酒小黃著名混混也伊本宗室襲鎭國將軍前六年有蘇州某攜其妻來京捐納其妻絕美小黃見而豔之探知某父以進士官至太守已去世因冒爲某年伯與某往來眷屬亦時過從未幾匿某妻而奪之不一年將某妻發賣某妻憤縊死爲余晉珊（聯沅）前輩劾治圈禁宗人府奪去世爵家遂破期滿

出獄在南新門外賣私酒號私酒小黃專爲各妓寮保險盜賣人口黨羽衆多非用兵圍救不能出此女因派練勇五十人圍而出之余以此女係余岳父派兵救出若納爲妾恐生物議命人送還天津爲落梅詩一首紀其事云芳名不入楚騷文紫蔕黃苞枉出羣春後春前曾共賞舍南舍北尙留芬飄搖驛路誰爲伴潦倒泥塗每惱君擬種一株供寂寞橫風無那落梨雲陸紹淵是時娶一妾和余一律末四句云春生驛使應輸我（用陸佃事）夢冷羅浮倍慼君（用趙師雄事）莫向階前問開謝江南江北況如雲甚典切也

汪犖庵同年（鸑翔）博洽多才少年慕袁崇煥之爲人親歷中俄邊

界凡關塞要隘皆精繪之中歲好道終日拈鬚兀坐恍如枯禪善書畫未嘗學大滌子而書畫酷肖身世零丁亦似之余嘗謂葦庵爲吾鄉道濟法師後身也看書詩云欹枕看書縱復橫隔簾紅葉照窗明瓶花不語鑪煙定細檢前心觀我生雜作云過雨湘簾透晚涼好花爭放及時香紅稀綠暗春將去蛤吠蛙鳴夏正長未改酸寒惟誦讀最防流露是文章探丸挾劍尋思徧到底安閑只閉藏宣統三年二月余罷言職還桂林葦庵畫團扇贈之並題句云抱膝長吟計最便蒼茫心緒惜中年眼前何限滄桑景纔寫倡條已黯然石畔幽香冉冉栽露芽低處好風來拈毫莫灑新亭淚且放奇花幾蕚開其弟千仞孝廉鳳翔富文

學精醫理隱上海不仕開雙十醫院以濟人有韓康之遺風嘗爲銷夏四言詩云陰陰嘉木嘒嘒鳴蜩下有流水適容我舫載登載釣聊以逍遙　嘒嘒鳴蜩陰陰嘉木湛彼流水堪濯我足柴門初晴白雲相逐夏山疊畫呼幼與讀　嘉木陰陰鳴蜩嘒嘒左右淸泉有魴有鱍彼瘦者石芳樽獨對曲岸風來冷然解醉　鳴蜩嘒嘒嘉木陰陰客至無言但坐鼓琴山高水遠實洗我心洒知太古卽是於今其人其詩皆似陶靖節與鞏庵稱二難云

惲南田先生字畫久已膾炙人口余見其手書哭王奉常(時敏)詩情文相生足見當時遺老身分玆節錄五首　相韓家世舊靑

箱牢落先朝老奉常縱使雲霄紛玉樹白頭遺恨在滄桑　相逢偏恨泰山頹此日乘箕去不回若道人間原有夜如何無路訪泉台　典型南國表羣倫綺季商巖與結鄰雙眼乾坤遺老盡從今東海竟無人　烏衣門巷綠楊遮風月平泉故相家綵竹東山人去矣空令山鬼哭寒花　愛客誰將古道論風流還憶信陵門傾家散盡黃金日不解人間有報恩

辛亥之變督撫死節者僅陸鍾琦馮汝騤松壽樸壽等數人餘多棄職逃竄其不肖者括府庫金銀逍遙海上甚有程德全沈秉堃之徒朝爲疆臣夕帥北伐人倫絕矣清室將退位直隸總督陳夔龍心焉傷之賦詩見志掛冠歸去詩曰茫茫誰問夢中

天草草勞人幸息肩賜履忝居羣牧長掛冠猶及國門前⿺走蒙⿺走童自笑羊公鶴哀怨空聞蜀帝鵑七十二沽春水綠煙波一曲好停船　慚愧蒼生望雨霖十章旄節主恩深竭來大陸風雲變忍見虞淵日色沉誰爲兩間留正氣劇憐一病負初心河橋多少新栽柳雪後摩挲感不禁　多謝羣公臥轍勞早從市上識荆高昭能創霸先延隗蕭愧無規賴有曹秦地十城求趙璧吳淞一水試幷刀眼前無限滄桑恨此地尋源舊植桃　艱難回首又庚辛祖帳今多去國臣華屋頓添知己淚江湖猶是秀才身百年養士寗無報　一柱擎天別有人　寄語幽燕諸父老綵旛仍報漢家春

胡瘦棠同年思敬峭直博聞藏書甚富在臺諫時見淸季變法紛更上疏謂有速貧速亂速亡之慮洋洋萬言洞中時弊不報瘦棠賦十別詩告歸歸未一年而淸覆瘦棠有田居詩四首云新昌米價似長安巧婦持家亦太難却笑故人膺厚祿報書惟是勸加餐　遣郤髯奴賣郤車閉門終日讀南華忽聞剝啄知賓至枕上拋書自煑茶　欲採蘼蕪已過時胸藏信史畏人知休官不忍看官報日寫毛詩課女兒　建武年中事武皇曾攜巨筆賦長楊毛錐今日知無用戲寫桃符貼粉牆

近日女學林立而於國文多不加意解音韻者尤鮮有某女士別夫多年製衣寄之並爲詩云情同牛女隔天河只待秋來得

一過歲歲寄郎身上服絲絲是妾手中梭翦聲到處隨腸斷線脚終當比淚多長短依然當日度不知肥瘦近如何纏綿悱惻樂府遺響也

蕭漱雲同年(榮爵)善書法性情孤僻每與余游法源天寗等寺獨坐古樹下誦桃花扇柳敬亭詞愴然長喟若有所感嘗誦詩鐘之佳者(七月七日)(煤)云開元天子長生殿亡國君王萬歲山(猿)(望)云北平射虎將軍臂西蜀嗁鵑帝子魂典麗悲酸伊涼遺調

梁節庵先生(鼎芬)在翰林上書論事被譴張南皮重其氣節聘掌廣雅書院薦擢監司召對面劾奕劻掛冠歸淸覆後屢謁　崇

陵嘗以祭餘羊果餉陳伯潛師傅寶琛陳賦詩云聳金治陵三涉春樓臺朱邸爭嶙峋實城未半玉步改殯宮涕淚來孤臣當年貶官坐少戇晚被召對還批鱗擊奸不中掛官逝留得板蕩酬恩身瓦燈雪屋凍徹骨自況廬墓山中人朝晡上食從拜下哀動陵戶喧州民餕餘籩實遠見餉感念曩昔滋悲辛　先皇初政婉元祐卅載誰造淪胥因念遺一老卒祈死可惜此座天無親近聞雄文誄沙麓譽以堯舜畀宣仁一坏合窆縱少殺要勝醵壟思陵貧春氷既解趣將作誠感忍恡司農緡山泉生瘞安可久準儗復土及霜晨世人莫漫嘲顧怪此義一髮今千鈞

喻志詔同年長霖博洽多聞在翰林時輯康乾以後掌故彙數百

卷清覆後隱居上海和余申居旅感原韻云故人珍重寄當歸舉目河山景已非杜老憂時惟有淚賈生獻策不勝悲樓臺寂寞春無主風雨飄搖鳥亂飛王謝堂前秋草盡故家何處覓烏衣　瑤階蕭瑟夕陽斜淚濺橋山哭翠華弓劍未安陵谷改蜩螗日遍下民嗟相期漢簡留椽筆聊着蓑衣覓酒家誰謂闌珊春已暮盤盤老樹絢奇花胡調元同年和余前韻云東華門外掛冠歸國事如今孰是非方喜荊州初識面重談天寶有餘悲雲山北向埋輪去烏鵲南來繞樹飛珍重睃寒天未定願君撿點篋中衣趙芷蓀丈亦有和余申居旅感二首云初春便送塞鴻歸迢遞關河景物非夢裏似過燕市飲風前同作楚囚悲故

知百足蟲難仆（謂袁項城）何止三年鳥不飛（謂攝政王）松菊一廛猶可隱相期珍重芰荷衣第二首云過盡宵鴻斗柄斜案頭拋置到南華更無井底鄭思肖分作丘中留子嗟七聖當時迷要道九流他日首誰家新來節候驚初夏猶有空山未放花

趙芷蓀年丈（啟霖）和悌彬雅篤於忠孝淡於進取在臺諫半年以言罷職尋起為四川提學使半年以養母告歸余記其感春詩二首云天涯何處識春歸盡日輕陰對掩扉澗草漸生還漸長山禽時止亦時飛流年坐覺成新故薄醉何容着是非冉冉風光堪悵望湖波添漲上苔磯不將春事細平章誰識郊居氣味長海燕歸來爭解語園蜂簇處但憐香清明風日消詩句爛漫

江山寄草堂三尺漁竿吾道在濯纓猶自有滄浪此光緒末年革職山居時所作又提學西川路過宜昌見懷二首云三年已感離羣久萬里何堪別路長卭蚷偎依成小聚鷹鸇冢闊不同行軒昂謨議隨青鎖牢落心情撫皂囊獨有韋弦珍重意鳴鷄風雨道難忘巫陽雲雨自朝昏何處登樓望九門夢寐從君心莫逆蹉跎憐我舌徒存橫流祇爲斯文懼方枘知非末俗尊日盡天涯春色晚湘瀠回首長荃蓀過夔門見懷云蘭臺並轡數豪英九月追隨別淚傾戀戀便如三宿去茫茫眞有百端生天台一出餘惆悵神劍何年得合幷抖擻埃塵樽酒畔獨看北斗夜縱橫羈鳥回翔憶舊柯神羊環列近鑾坡江湖憂樂慚舟楫

臺閣風棱夢珮珂時事故應同志在聖朝彌覺諫書多銷寒記否天涯客腸斷松筠載酒過又和余雪中見懷云四時相代遷忽此歲序闌節物自榮落我懷浩無端矯首望神皋但見白日寒佳人在何許迢迢念長安淸歌振韶鈞孤調戛琅玕不惜知音稀芳心若爲殫九州抑何紛俶詭無停瀾鵷鴟或異羣荃茅頓殊觀之子秉端操貞固良不刊韋弦一契闊曠哉宇宙寬願言崇令猷珍重平生歡又和余桂居懷人云人海崢嶸舊侶稀江湖秋水雁分飛曾同苦口爭天步豈有纖毫補帝扉監市履豨情不異尙方斬馬願俱違參差吹徹風雲外桂樹叢生各十圍又和余舟過湘潭不遇見懷云相訪不相値憐君江上過家

山歸去美時事別來多冉冉翔家閭堂堂與淬磨村醪謀一醉延望倚松蘿此皆淸室未覆以前所作迄壬子余以民選爲國會議員路過湘潭寄懷芷蓀二首芷蓀依原韻和云不見柏巖久家家正爾思乍浮湘水出惟使岫雲知往事三千牘新愁十二棋向來交勉意甯慮素衣緇一睨滄桑外風光種種新鵷鴻非舊侶鶗鳩又殘春度世眞無術遺民古有人何時理歸鞅不待諷知津芷蓀不欲余出故爲是語又壬子春初寄懷陳詒重毅云判袂東華瞬六年麻姑親見海爲田龍疲虎困成今日鳳泊鸞飄忽此筵握手便看燈穗大驚魂猶繞露盤遷連宵縱語生芒角寶玦靑珊悵路邊聞道滄洲獨往深海山環處稱幽襟

詒重近居青鳥羨魚結網知無計搗麝成灰共此心地下鐵函書卷在人間金盌刼灰侵悲涼一吊田橫墓五百男兒未可尋大壑藏舟有變遷恒沙世界總蹄荃欲知玄圃尻安在何止蓬萊股不全藕孔餘生渾若夢藜牀堅坐未嫌穿與君回首蒼梧外萬里空山聽杜鵑不信斯文若土苴黃農曠遠意何如百川浩浩頹流日千載冢冢悵望餘鸜鵒天教來魯國貂狐吾見抱周書足音空谷期無負歲月滔滔到永初又　景皇后輓詞云薄海哀無盡王正慘不春興亡關氣數禪讓爲生民九葉璇闈迥終朝實祚淪玉衣靈縹緲金狄淚酸辛京室承徽候慈寗上壽辰令儀昭六宇前代活千人已協坤祇瑞其如蹇運瀕殷憂恆脫珥浩

刼乍蒙塵國統艱危甚天潢入繼頻兩宮殂落日六尺藐孤身
哽咽居長信姦回奈懿親黃河挑動速白梧遺驅神溯自時多
故惟聞令布新處堂喧燕雀遺澤痛雎麟截趾方宜屨捫心總
效顰羣情初擾擾廿載但斷斷魯弱猶苛斂周衰誤秉鈞未驅
狐鼠去空冀虎狼馴戍卒譁閭左妖星逼奉宸連旗相繼起倒
戟畢來臻果使淸君側應能挽世屯蕭牆機驟發豆釜義誰陳
文母愁支柱堯門屢歎呻土崩俄澒洞波蕩遂紛綸授鉞非無
策銷兵本至仁詔書腸寸斷原廟涕兼旬石馬傷蕪蔓銅駝對
棘榛遽驚仙馭返長此禁垣堙曩昔羈朝籍透迤傍帝　東枚
詞翰忝南董罪言申苦憶懲煬竈還期鑒徙薪鵑啼如有恨魚

爛豈無因讖語唐開府先年漢侍臣餘生依草莽一慟訴蒼旻陵墓遲瞻謁欑宮夢禮禋獨吟斑竹畔霑洒仰虞嬪又壬子送余還桂林云亂離相見轉堪哀一瞬昆明付刼灰春共落花啼鳥去客從飄絮打萍來金門避世都如夢寶玦臨歧數舉杯同撫蒼涼竹如意江天何處是西臺又春暮渡江訪蔚林云相逢無涕可沾巾萬緒千端到此晨里社同歸行漸老乾坤何世尚爲人髫年草草偎依過輦路荒荒悵望頻江上柳花飛似雪閉門還與惜餘春又得復初書賦寄兼示辟園云喧騰世事奇生怪索寞山居遠自偏拚斷知聞從汶汶獨憑神理與綿綿眼中羣彥一邱貉空際殘陽幾樹蟬安得追尋南郭伴不妨物外有

方穿又辟園新刊詩集見示有贈云狂飆倦聽龍蛇鬬淸唳如逢鸞鶴羣綿蕝諸生矜潤色草堂高咏出埃氛人誰離世蹈滄海天與自怡多白雲獨撫冬青凄斷句洞庭斜照葉紛紛又詒重過宿山齋賦贈云蒼茫相對百端集離亂方知一面難松菊田園何處是匏瓜身世不曾安推窗鷄唱星芒大挂壁龍吟劍影寒去去子房滄海上淚痕頻與濺金盤（詒重將住青島）又寄懷幼雲青島云十年離別刹那間海蕩雲驚各閉關家國飄零餘一榻朋遊懸隔望三山乖崖懷抱周旋久密勿封章挽救艱（宣統時幼雲在講筵章數十上）猶有先朝俸錢在凄涼營奠鬢絲斑（幼雲近有妻喪）關河莽莽遽披猖身世浮浮易感傷已倦手揮惟目送不緣髮短自心長中流豈有

柏巖感舊詩話　卷一　十四　趙柏巖集

千金瓠夕照猶依十畝桑見說海壖幽靚甚桃源何必定荒唐
又簡胡漱唐云款段纔聞別九門終成一蹶倒崑崙倉皇文謝
同身世飄泊荆高共酒樽心似卷葹終不死手栽松菊幸猶存
西臺何處容垂淚愴憶琅琅疏萬言庚戌漱唐有速貧速亂速亡一疏最痛切人海過從
歲月侵疏燈涼雨共開襟虞淵洗日寧無望夢澤披雲直到今
已爛樵柯愁束手不平棋局是中心扁舟倘有浮湘興同向蒼
梧眺暮陰漱唐屢擬游湘又聞余在全州經營農礦見贈云故國田園亦
有涯芸鋤海內望空奢歌殘麥秀聲情慘話到瓜分涕淚加芝
草生時懷綺季豆苗肥處是陶家南山白石沈吟日不謁齊桓
託後車赤手無由覔斧柯試憑富媪起沈疴精誠自可開金石

寤寐長思託澗阿博望鑿餘空尙在巨靈擘處迹如何漢宮重鑄仙人掌閒倚銅山悵望多余和原韻云莫問山涯與水涯一枝聊借願無奢青杉繞屋煩襟減白酒延賓正味加天地衆生俱是客乾坤到處可爲家故人珍重山中葯世路崎嶇戒覆車萬事如碁一爛柯光明悟後百無痾（文文山詩云豈期眞患難悟此大光明）曾披肝膽酬知己肯惜頭顱付太阿漢獻自能容魏武范增豈必遜蕭何興亡因果皆人造不用追思感慨多光緒末莊蕤劾奕劻革職出京時士大夫餞於江亭旁之龍樹寺至者數百人贈詩盈篋余尤喜蔣性甫前輩（式瑆）一絕云三年一樣青青柳又到江亭送遠行我亦懷歸歸未得天涯今見子成名蓋性甫在三年前亦

以劾奕劻罷言職也江亭之餞惲薇孫學士毓鼎發起並同以電撮影芷蓀出京未一月薇蓀受奕劻指以授意言官劾退瞿相國鴻禨謂芷蓀請王夫之顧炎武黃宗羲從祀孔廟係瞿相授意時論非之惟清覆後薇蓀侍郎登臺演劇欲以通俗教育提起忠孝節義雖渾迹優伶而不悔余見其演一捧雪扮作陸炳諷雪豔刺湯勤鬚髮皆動亦古之傷心人也

易實甫順鼎少有神童之目張南皮鹿定興兩相國重其才嘗扈從至西安與定興在八仙庵觀綠牡丹云色即是空空是色花眞如葉葉如花妙語自然又上鹿定興云中國早教司馬相天津那有杜鵑聲亦佳句也清覆後與京伶梅蘭芳莫逆賦萬古

愁長歌時人傳誦有人以(易順鼎)(梅蘭芳)爲詩鐘題余撰兩聯云削籍喧傳名士餅贖身頗費將門錢又云一行作吏不如餅二鎖生男亦壯楣蓋實甫光緒時爲廣西右江道岑春煊爲粤督劾易名士如畫餅革職梅蘭芳係京伶二鎖子二鎖去世蘭芳依小芬家爲徒張將軍勳於宣統間練兵浦口出萬金爲贖身蘭芳常與張將軍親近多宗社之感每言及淸時事太息流涕余與朱艾卿學士在前淸時亦識之癸丑余重至京贈以詩云三年不見梅郞面一見梅郞卻惘然把酒喜談天寶事登臺猶唱懊儂篇水雲心事將軍識卿月容光學士傳我亦塵寰倦遊客那堪河滿對樽前又素聲有詠蘭芳詩云十二樓台

白玉粧空山無語自流芳漢宮怨恨唐宮淚都作風前百和香

與蘭芳齊名者有羅小寶宣統己酉余觀其演鐵冠圖感賦云一聲檀板近天橋演出江山太寂寥省識興亡無限恨梨園吹斷白牙簫萬歲山前問大家觚稜樹暗月無華宮人剌虎談前夢零落當年帝女花宋芸師謂詞過哀豔有亡國之意果然

吳柳堂先生可讀爭爲穆宗立後冀以尸諫藏奏摺於懷賦絕命詩自盡於 陵上余喜末四句云相看老輩寥寥甚到處先生好好同欲識孤臣戀恩處五更寒雪薊門鐘同時負淸名者張沛綸張之洞寶鋆陳寶琛沛綸尤有遠略會馬尾與法人戰敗革職李傅相之女公子惜其才爲詩云痛哭陳詞動聖明長孺

長揖見公卿論才宰相籠中物殺賊書生紙上兵宣室何妨留賈席越臺底事請終纓豕冠寂寞西臺靜功罪千秋付史評傳相見詩因以女嫁之女公子少張三十餘歲年十五六能爲是詩亦奇女子也寶竹坡侍郎論事持大體主試浙江因納江山船女爲妾自劾落職當時有宗室八旗名士草江山九姓美人麻之聯嘲之哲嗣伯茀學士壽富博洽有幹濟戊戌　德宗奮發多所更張旗人多怨誹伯茀有勸八旗子弟文語中時弊見余文集壽富傳戊戌政蹶伯茀負重謗庚子聯軍陷京師伯茀與其弟死之爲絕命詩云袞袞諸王膽氣粗竟輕一擲喪鴻圖請看國破家亡後到底書生是丈夫薰蕕相雜恨東林黨禍牽連竟陸沈

今日海枯看石爛兩年重誇不傷心曾蒙殊寵對承明報國無能負此生惟有忠魂凝不散九原夜夜祝中興伯茀方投繯時兒右弟左伯茀曰兄弟之序雖死不可紊也易繯而後授命竹坡侍郎嘗游焦山仿東坡留玉帶竹坡死後張南皮相國游焦山見之感賦云玉局開先繼石淙竹坡游戲作雷同大廷今日求忠諫魏笏終當納禁中同姓懷忠楚屈原湘潭搖落冷蘭蓀詩魂長憶江南路老臥脩門是主恩故人宿草已三秋江漢孤臣亦白頭我有傾河注海淚頑山無語枕寒流此時南皮督兩湖迄內召遷大學士贊襄機密　孝欽顯皇后倚任之光緒三十四年余因　孝欽萬壽監禮內廷見　德宗病危出謂俞廙

軒侍郎廉三曰上病危甚倘有不諱國家多事當立長君度今日望重眷深無如南皮者君爲南皮舊幕速往商之俞侍郎詣南皮寓所告焉還謂余曰公爲諫官試以疏上南皮在軍機當贊成之余因疏請擇皇室人才以定大計不報是時余母蔣恭人由全州移居長沙余乞假至湘省親方與趙芷蓀學使唐星航太史尙光游岳麓山回寓得　兩宮宴駕今　上繼統信喟然曰主少國疑天下多事矣宣統初袁項城之罷澤公南皮實主之余與陳松山田疏論遂發動余恐項城退而正人未進終多後患密陳用人大計蒙召見養心殿余謂攝政王曰外間謠言多非用漢人之有夙望者無以鎭人心而銷內亂因請起岑春煊

典禁衛軍罷奕劻以張之洞獨相召康有爲安維峻鄭孝胥張謇湯壽潛趙啟霖授　皇帝讀並爲攝政王顧問攝政首肯余退南皮入對不以爲然遂寢是時余鄉人覃展甫（兆鵾）爲粵漢鐵路文案南皮督辦粵漢路事展甫住南家晚間南皮遣展甫告余曰君今日所論薦南皮極不謂然人生難得清名毋爲人誤云云余自此不再召見矣未幾政權皆落親貴南皮亦不得行其志鬱鬱病咯血將卒爲絕命詩云南人不相宋家傳自詡津橋警杜鵑辛苦李（綱）虞（允文）文（天祥）陸（秀夫）輩（皆南人也）追隨寒日到虞淵誠感人心心乃歸君民末世自乖離豈知人感天方感淚灑香山諷諭詩余爲和韻云誰使周家鼎不傳四山風雨聽

鵑啼宣仁若立當陽主不信皇綱竟墜淵記得平臺赴召歸薦賢原欲弭乖離江陵此日如援手井底應無鐵匣詩紀立君薦人兩事也余詩集雜感末首云半閒定策承殊寵王氣銷沈事可嗟若有董狐修信史文山當日不宣麻亦指立君事半閒指奕劻

柏巖感舊詩話卷二

全州趙炳麟竺垣稿

當孝欽時張文襄袁世凱同在政府孝欽將用岑春煊張袁大忌謀諸蔡乃煌用春煊及梁啟超相片合攝一照進之孝欽謂春煊引啟超回國孝欽大懼恨春煊遂不得起用一日南皮相國作詩鐘以（蛟）（斷）屬題乃煌爲句云驅虎斬蛟三害去房謀杜斷兩心同蓋春煊行三隱指張袁同心以去岑三也張大喜未幾以蔡乃煌爲上海道又一日南皮以（鷹）（天津）爲詩鐘題余同年章曼仙華湖南人爲句云莫謂人才專使犬須知相業怕聞鵑南皮喜其善諷取第一春煊後爲粵執政必殺葵乃煌者此亦一因也曼仙工詞章倜儻有大志其尊翁章太守壽麟

咸豐間爲曾文正幕客文正靖港戰敗將赴水死太守援之出權詞報湘潭破賊文正始得活亂平文正稗弁走卒多致通顯太守獨浮沈牧令不言祿祿亦弗及文正卒太守過銅官舊戰地靖港故銅官渚感念故人圖以紀之題者多以文惟王壬秋先生闓運題詩云桂平盜起東南卷唯有長沙能累卵三年坐井仰恃天仡仡孤城見矛穳羣凶無賴往復來潘張遷去駱受災閉門待死謚忠節未死從容居憲臺曾家嶺枷偏在頸曾滌生起師時論以爲好事且曰一枷在嶺肩來在頸嗤其不干己也三家邨儒怒生癭勸捐截餉百計生欲與吳文鎔江忠源效馳騁江湖軍敗如覆鐺盜舟一夜滿洞庭撫標大將王壯武縋城走徐公繞室趾不停省城無兵無守禦郤付曾家作孤注空船

坐擁木關防直犯頭刀報知遇兵謀軍勢盜不講上屯湘潭下靖港兩頭探手擒釜魚十日淘河得枯蚌劉郭蒼黃各顧家左生（文襄）狂笑罵豬耶彭（玉麟）陳（士杰）李（元度）生豈願死四圍密密張羅罝此時銗筒求上計（滌生設匭求謀策有投三十六走字者）陳謀李斷相符契彭兄建策攻下游擣堅擒王在肯膂弱冠齊年君與余我狂君謹偶同居日中定計夜中變我方高枕城東廬平明丁叟踢門入報敗遙聞一軍泣督師只欲從湘纍主簿悤悤救杜襲十營並發計全虛從此舍舟山上居七門不啓春欲盡強教陳李删遺疏板橋漂破帥旗折銅官渚畔燹明滅誰料湘潭大捷來盜屯奔迸如崩雪一勝申威百勝從陸軍如虎舟如龍時人攀附三十載爭道

當時賛畫功駱相成名徐陶死曾弟重歌脊令起祗餘湘岸柳千條曾對當時鳴咽水信陵客散十年多舊邏頻迎節鎮過時平始覺軍功賤官冗間從資格磨憑君莫話艱難事俛得俛失皆天意何況當年幕府謀至今枉屈何無忌君舅彭笛翁猶以攻靖港爲上策 壬秋先生與太守同時爲文正客故歌中多事實又俞曲園樾題是圖云大將一星危欲擢有人扶起上雲臺乾坤旋轉皆由此祇算手援天下來淸覆後曼仙病狂居京師

珍妃未進宮時受業於學士文廷式康有爲之得 景廟恩眷妃在宮實揄揚之蓋聞其師文學士所稱道欲以虞妃自任也戊戌政蹶妃失 孝欽顯皇后意庚子聯軍逼京師 孝欽挾

景廟幸西安令太監沈妃於井始行曾重伯爲庚子落葉詞紀之云甄官一夕沈秦璽疏勅千年出漢泉鳳尾檀槽陪玉椀龍香瓔珞殉金鈿文鸞去日紅爲淚輕燕仙時紫作煙十月帝城飛木葉更於何處聽哀蟬赤闌迴合翠淪漪帝子精誠化鳥歸重壁招魂傷穆滿漸臺持節召貞妃清明寒食年年憶城郭人民事事非湘瑟流哀彈別鵠寒魚衰雁盡驚飛銀牀玉露冷金鋪碧化長虹轉鹿盧姑惡聲聲啼苦竹子規夜夜叫蒼梧破家叵耐雲昭訓殉國爭憐李寶符料得珮環歸月下滿身星斗泣紅蕖朱雀烏衣巷戰場白龍魚服出邊牆鷗波亭外風光慘魚藻宮中歲月長水殿可憐珠宛轉冰綃贏得玉淒涼君王莫

問三生事滿驛梨花繞佛堂王母傳籌擁桂旗閶門宣謝肯教遲漢家法度天難問敵國文明佛不知宮中呼孝欽爲老佛爺十宅少人簪白柰六宮同夜策青驢玉娘湖上粘天草只託微波殺卷葹天文正策王良馬地絡先摧蜀后蛇太液自來涵聖澤水仙從古是明家蕙蘭悼影傷瓊樹河漢回心濕絳紗狄女也憐人薄命繞欄爭掛像生花光緒丁未除夕　孝欽經南海溺妃處見妃現形蓋是宮中屢見之故例寒時駐西苑即南海子暑時駐頤和園是年正月即移駐頤和園避妃祟也同時杖斃沈妃太監崔玉次年　孝欽　德宗同宴駕今則昔年駐蹕之西苑改爲總統貴府妃之現形其帝政將終衰氣之先見歟

唐星航太史尚光敦厚善詩和余柏巖閒居云乾坤擾擾此瓜廬無恙家山一翦蔬秋露蒓菰春雨韭自天留與灌園書飛閣高臨漱玉泉每携尊酒對花前平生一副爲魚性不數南華第二篇年華駒隙感秋毫往事蹉跎悔補牢南面看山東面水依然豪氣足仙曹世路巉巖未易行先嚐容我畫躬耕年來年去尋常事只有湖山注姓名

辛丑余隨扈西安懷故鄉風景爲家在淸湘最上頭詩託趙孟雲太史鶴齡繪湘源游釣圖當時士大夫和者多佳什宋師芸子云蒓鱸風起忽驚秋頗憶平生舊釣游瀰滿湖湘千里去月明江海一帆收龍吟夜壑無人問魚上春蘋不自由同是一竿俱

在水應從來路識歸舟方雨初太史(霆江 南人)云家住清江最上頭仙源風景即瀛洲如聞笛譜漁歌子合着詩人趙倚樓畫裏雲山夢雲鶴世間名利笑蝸牛鶯飛草長江南路我亦懷歸欲買舟家住清湘最上頭披圖如見數峯秋溪花着雨迎人笑山鳥啼煙破客愁縹緲蘅蕪思屈子天然濠濮寄莊周一邱一壑吾曹事不用榮封萬戶侯龍贊侯太史(煥綸)云歸心先到楚江頭寫出芳馨十里洲老去少陵偏愛國春來王粲欲登樓蒼茫身世憐蕉鹿家落胸襟問斗牛一覺觚棱餘夢影罡風吹墮五湖舟王澤寰太史(龍文)云幾度題封在上頭高歌放眼看滄洲經天日月常新見萬古江河自在流凝足不爲窮路哭傷心時有杞人

憂茫茫世事紛如許攘往熙來白去留（時澤寰以主戰聯軍失利革職）舒彬如武部鴻儀云君家湘水上我住皖江邊相去幾千里風景皆天然自昔登朝籍不復戀林泉天衢騁豪廓雲路競聯翩杯酒集冠裳歡讌年復年都城驚烽火宸輿忽播遷道路長荆棘宮闈生塵煙君家及我家妻子同顛連行行長安道百物皆棄捐富貴何足論戀闕本性天相聚數晨夕握手意拳拳縱談及時事百慮如熬煎安得天悔禍蕩掃徧垓埏天子迴龍馭小臣得歸田三徑雖就荒風雨剩一廛桑麻被原隰楊柳當門前山色入虛牖溪水鳴濺濺此中有眞樂意會難言宣披圖三歎息聊賦商山篇相期各努力永矢誓勿諼

碧摩崖一名秘魔崖相傳爲盧僧伏龍處也余游崖喜題詩有句云黃葉滿山僧過橋成子蕃侍御昌曰善乃援筆繪之幷題菩薩蠻一闋云山坳誰鑿如盂覆盧師法力龍無毒遺跡近千年秘魔名尙傳三題巖上字圓澤前生事坐久竟忘歸落花香滿衣石上有翁瓶盧師見寶竹坡題名賦詩於後云哀哀中朝彥何人第一流蒼茫萬言疏悱惻五湖舟直諫吾終敬長貧爾豈愁何時楓葉下同醉萬山秋

汪鞏庵仿淸湘逸人筆爲余繪　先君教子時風景作趨庭餘痛圖並題云耿耿孤星映碧虛歲寒閭巷幾邱墟殘年臘鼓羣兒鬧老木蚪柯衆葉除斗室儘容吾輩蟄獨行誰似古人迂尙

留彩筆傳忠孝樂事朝來信有餘孳兒鬧指當時親貴干政衆葉除指當時民心喪失也胡漱棠侍御題云江蘺擷盡悵春暉策蹇趨朝減帶圍欲向墓門焚諫草血痕應颭紙錢飛笑向壁塵觀墨迹知君日日佩韋弦（先君家訓余裝掛座右漱棠觀之曰名言也）年來臏有新亭淚怕向湘源望墓田時宣統三年二月皆躄躄有亡國之慮殆幾之先見漱棠又有和余司馬文正硯歌末一段云知其白守其黑有託而逃計亦得織簾磨鏡俱奇才夢裏呑聲望京國次年余以京卿虛職開缺回桂不半年而淸覆夢裏呑聲竟爲事實亦詩讖也

廖蓀畡先生（樹衡）講求實學陳右銘侍郎（寶箴）撫湘時委辦常寧水

口山礦故婺源銀場遺址也先生樸實耐勞大著成效中國銀鉛礦當以水口山爲第一先生闢之也爾時　先君柳溪公爲常寧縣尹麟隨侍在常親見先生與　先君規畫之詳後大臣奏保者牘屢上先生辭之宣統元年至京師有游頤和園詩云頤和園中峯森爽虬松老檜參差長亭臺高下紺牆圍複道行空備宸賞園門瑰麗塡靑紅鐵色狻猊琢鏤工想見千官隨伏入旌旗劍珮聲摩空循廊一片湖光白天地蕭寒忽異色漢家昆明何足論江南莫愁遜淸絕垂虹下屬湖心亭萬頃玻璃入杳冥續縵沈竿深莫測濤瀾潏蕩風煙靑玉泉衍近丹棱洸倉卒眞源尋未見膹有淸瀏浩蕩來人間已覺恩波徧佛香亭估

山之巔百級陂陀不易緣恍惚華清石甃寺東西繡嶺相鉤連古松抱閣日光碧謖謖寒聲盪空隙舉目蕭條郊野荒皇情定軫流亡室東下遙連樂壽堂椒房阿監直東廂宮車宴駕行游息綠苔生閣樹塵芳當年行樂迴天眷歌鐘設在雲和苑水調新翻菊部頭薰弦引入排雲殿此中宜夏亦宜秋瑟瑟紅衣鏡裏稠四面涼風鑑玉玦一簾香雨控瓊鈎園居避暑寖成例聖聖相承六皇帝一自圓明付刼灰重來此地嚴周衛劃取蓬萊左股來依然平地起樓臺規模雖比上林小將作微傷少府財宮官前後懷忠悃姓氏依稀寇與永大臣容默小臣言志節與園同不泯冲皇臨御遊幸稀銅龍晝靜寒烏啼長楊五柞盛皇

漢昭宣以降停驂騑我來剛値彤扉啓中官守護嚴綱紀鳳鑰長將寢殿扃龍舟遠向蘆碕艤此後應難再步塵聊將歌咏紀前因連昌詞與津陽什一樣傷心感後人又登陶然亭感賦云

黃蘆積水繞空亭拊檻西山一桁靑勝日尊罍懷舊社天涯文物感晨星皇居岌嶪仍形勝(亭上可望景山)海祲東南入杳冥賸有黃花能耐冷隔簾孤映楚纍醒又留別都門諸友兼感時事云不爲求嬴也出游軟紅京國紫驊騮無端邊號催蘆管大好川原別冀州欹幘同酣燕市酒衝寒重撿敝貂裘夢華轉眴成陳迹欲賦東京歲已遒甌脫曾聞鷸蚌持騶虞無復止戈時坐看蠻觸爭蝸角難免驚烏徙故枝碧海瀧濤催鐵甲綠槐馳道隱金椎

沿河拓跋空屯戍帷幄如斯事可知撐拄艱危仗老成深源當日有聲名服妖幻出麒麟楦侯鮓調成骨董羹土木詎能禳厄運更張徒自失宮聲舊時朝士無多在難遣貞元以後情回首金臺落日懸太行青靄接幽燕奇肱縮地輕千里西笑縈懷已卅年歸買烏犍容種秫醉呵丹管且攤牋離情付與蘆溝柳朔氣金風正滿天先生數詩蓋感日本圖滿遼中國無如何抵制而清季綱紀廢弛更張無序必致亂亡雖負時名如張南皮不能補救所謂宮官前後懷忠悃姓氏依稀寇與永者指寇太監諫修頤和園被　孝欽杖斃及頤和園八品苑副永麟上書諫攝政王七日不食餓死託古人尸諫之義也清覆後先生隱居

寧鄉

梁節庵先生出處皦然不欺其志有懷蘗盦詩云諸公負國但謀身獨憶朱雲千載人雙手倘思迴落日兩心猶與惜餘春市兒都愛五斗米橘叟來收九斛塵忠義研磨吾不及看君肝膽與喉脣余細玩其詩終不知所指何人意者其升吉甫允乎光緒時升爲陝甘總督劾項城以立憲爲名必潛易神器　德宗將發其奏　孝欽止之迄　兩宮升遐項城罷職升又請取銷立憲攝政王硃批斥之升請假開缺家無餘貲出華山爲道士爲其夫人挽回開酒店於長安院前街名鼎華樓估酒自給陝西人民以升自進士縣令歷任道府出使外洋洊至督撫清貧

如是民望愈歸之辛亥變起倉卒用升允爲陝西巡撫以鎭之未幾項城贊成共和請　孝定景皇后諭旨罷升允兵升遂隻身由俄赴庫倫欲借兵復淸余亦有讀史詩紀其事後升志不遂隱居外洋以教授四子書爲生活

王壬秋甲寅入北京受任命爲國史總裁兼參政院參政歲糜俸銀二萬餘時人比之漢初平間蔡邕歷三臺修十志遲被當道寵眷負一時重望淸翰林在京者宴壬秋於法源寺壬秋賦詩有句云天地悲歌裏興亡大夢中杜鵑知客恨不肯怨東風爾時淸太傅徐世昌爲國務卿壬秋贈聯云數點梅花亡國淚兩朝開濟老臣心亦有懷舊夙念者也壬秋在衡州私通一婦

名周媽修史時携往京師嘗拜各親友名片書周媽兩字曹劍潭爲詩紀云門前忽駐七香車報是壬秋老內家侍女下車持刺入大紅帖子寫周媽壬秋善諧謔有人贈以聯云詼諧妙語東方朔著作奇文楊子雲亦紀實也

先民崇向道德雖婦人女子亦知名節史忠正可法殉國後有愛妾李傣金陵人入王屋爲女冠號空雲大士嘗集明遺老詩爲霜猿集二卷幷爲序曰殷之亡也朝宗興麥秀之歌周之衰也行役起黍離之歎迺若王孫不返沅湘之悼何深公子無歸虞夏之懷彌篤詩吟而甲子不更采菊完柴桑之節嘯罷而廣陵作操鼓琴寄中散之音此數君子者皆値宗國之淪亡遇故都

之傾覆銜哀結怨鬱爲詩歌者也傺當明季喪亂滋多載哭載謂四海抱沈淵之痛吾君吾后千秋餘殉國之香此開闢未有之奇聞誠書契所無之創事天産哲人賦才獨異文章軼駕於南華疑莊生之再見風雅迫追於西楚信屈子之復來爰讀霜猿之二卷如聽月峽之三聲其志切其音哀志切故字字發乎深情音哀故言言可以長慟方之少陵詩史彼略而此詳比之尼父麟書貶多而褒少傺深閨弱質相府小星際此天傾地陷赤符無再驗之期遼爾家破人離素鏡絕重圓之照樓名燕子與燕俱棲院鎖梨花比花還悴爰乃黃絁入道素簡朝眞初上蒲團即悟三生之果不登法席焉知衆妙之元倚碧窗而吹笙

鼓瑟青鳥來庭入丹山而藝草尋芝白猿引路固將長卸紅塵安神雲岫何幸親承紫氣獲睹瑤編本以忘身忘世之心又生悲國悲君之念微吟簷下淒淒風雨之忽臨高咏燈前冥冥鬼神之交泣嗚呼先帝后之陟降非遙應鑒孤臣之微意家相國之精靈如在豈憎賤妾之多言乎巾幗有此氣節不愧忠正知己矣近日惟升吉甫 允 夫婦堪與頡頏吉甫久淪外蒙消息隔絕其夫人居阿拉善一寺中含辛茹苦安之若素乃知天地正氣自不絕於兩間也

德宗方宴駕時胡翔藻部郎上書請將戊戌後上諭非出 德宗意者删去以免厚誣 先帝余時掌京畿代署呈奏不報胡

部郎夙懷忠愛老而益堅壬子淸覆部郎有感事詩云靑史無從覆舊碁歸周白馬盡微箕百年養士有今日九廟勤民又一時陶阮亦曾汚僞命義炎以後此朝儀人民城郭都無恙繞樹饑烏慘舊枝

湘陰郭復初編修(立山)精通禮學善古今文淸退政後守志不仕有浙江戴玉環女士(禮)亦感世道之日非嘗爲詩云何處容身女仲連慕復初之爲人因章編修(棱)爲媒介嫁之女士自撰聯云北闕掛冠願結絲蘿欽令節西山偕隱終餐薇蕨相孤忠士林傳爲佳話未幾郭戴反目識者惜之

曹東寅京卿(廣權)光緒時任禹州知州有政聲內遷至學部參議

清覆後隱居江蘇寶應縣購喬氏環溪故址築造精舍自爲聯云欲招古松相對語閒看楸枰聽客爲又云夏雨能生萬枝綠歲寒相見一松靑又口占云閨裏朝昏水一天蛙聲何處亂春絃環溪庭綰多題詠遙想風流二百年盖喬氏避世居此曾爲環溪圖王漁洋侯朝宗諸名士百餘人題詠殆徧東寅亦爲環溪卜居圖寄各友題詠其弟廣楨學使其子典初編修偕隱於此墾荒長湖講求農事東寅日以教子孫爲娛嘗手著教科書發其平生未竟之志期諸後人袁世凱稱帝時東寅爲雪鐙一覆云名爲董卓臍又似朱溫腹形殘化作脂腸流誰見血都欣暗室明借曰民寃白獨惜玉龍鱗與爾同消滅可以知其志矣

莊蓀學使有題東寅環溪卜居圖云九鼎沈淪不可扶名園新買近長湖階前磥砢雙松在肯向秦廷作大夫宋玉誅茅有故墟主人今日復何如離騷千古惓惓意不是江南庾信居方洪憲帝制之初萌也余與東寅及李道士瑞清會於上海之愛儷園俗名哈同花園勸道士應項城之召而於晤面時行荆軻之事道士難之余遂還桂庚申東寅和余四十八歲自壽詩原韻中有句云癡計求曹沫傷心禪董賢班荆聊席地折柳卽離筵蓋指是事也

柏巖感舊詩話卷三

全州趙炳麟竺垣稿

江叔海瀚精覈古藻老而不倦己未聞山西勵行孔教來游晉陽赴晉祠流連傳青主先生讀書處爲七律一首余記其末四句云知己生前交白谷傷心死後尙黃冠前人辛苦今人樂逸老休同一例看叔海告余曰今之逸老居靑島住上海高樓大厦車水馬龍其供奉內廷者每月薪千餘圓乘軒駕駟大肉細旃猶自以逸老自居吁奇矣余在晉祠見正殿前有碑光瑩如鏡字甚奇特其詩云懸甕山前一脈淸龍蟠虎伏隱眞明水漂火刼山移步五十年來帝母臨署羅洪先書相傳淸初有縉紳宴客於晉祠忽來一丐者衣服襤褸形容枯槁入宴客室予之

酒食不受予之錢帛亦不受客問曰汝丐者欲乞何物則應曰欲見傅青主羣相驚訝其時青主先生往後山游客答以遣人尋青主回請少候丐者即往正殿以西瓜皮代筆題此詩於粉牆上迄青主回見丐者長揖客問曰此何人也傅曰志士羅某蓋圖復明祚失敗名在逮捕中者也太原縣令重其人爲鈎刊於石不敢刻眞名遂署羅洪先名云由是觀之先人苦節眞不可及也叔海自太原歸挈全家游日本得詩甚夥余喜其新宿御苑觀櫻會云曉風廣陌集軺車御苑筵開日未斜黃屋遠承千載位紅櫻爭放八重花天光絢爛疑仙境野色蒼茫異帝家客聚五州同眺賞莫辭相對醉流霞又觀瀾亭晚望云行殿人

猶說高亭客偶過年深松化石日落海生波啼鳥因風緩漁船向晚多裴回新月上清磬出煙蘿又登鎌倉香風園春待山云名園結搆費工夫樹色山光儼畫圖落日湘心臺上望錯將滄海認西湖皆佳什也

道光間京朝士大夫陳慶鏞何紹基蘇廷魁苗夔湯鵬朱琦羅惇衍莊受祺馮桂芬趙振祚張穆馮志沂潘曾瑋楊尙志等建顧亭林先生祠堂知名之士多與祭祀藏岑鍾陵所摹亭林先生小像凡與祭者皆陸續署名於卷末亦有題詞與詩者爲時珍重余友方惟一還崑山人與亭林先生同里用珂羅版影是卷以廣流傳惟一講求教育彬雅工詩已未春來太原有詩數

首余喜其答虞和欽宴飲云落日幷州見使君官衙紅燭照春雲山河入座吟曹健袍袖當風酒色醺萬里征軺衆星聚一時詩派幾家分於今四海猶兵革壇坫何人更尚文又有句云春寒猶問燕山雪談劇如轟大澤雷皆得宋人味

陸中丞鍾琦父子夫妻於辛亥革命之時從容就義正氣凜然近有人在江蘇扶乩先生降壇爲詩云宗親遺誤在疆場一火星星起武昌縱有興元哀慟詔那能感泣至戎行自問寸腔猶有血誰知三月竟無君孤臣流涕關山外忍聽全權讀誓文扶乩事本不足信但此兩詩情詞愴楚與壽伯茀學士之絕命詩同足千古或者先生之靈魂所爲歟

嚴範孫侍郎修輯紀文達公百餘硯搨形付梓曰閱微草堂硯譜製作之佳題鐫之精可謂集硯譜之大觀徐東海總統爲之序稱紀文達出劉文正之門以博學多聞結　主知居天祿石渠者數十年爲太平卿相不以聲色貨利相矜而惟以此事爲笑樂足見老輩道德文章之不可及余則以爲不然卿相而僅不以聲色貨利自矜已不能長保太平况聲色貨利之未必盡絕者哉

張仲仁一麐云中國文化之衰始於乾隆時亂機之伏亦始於乾隆時满室之亡根亦植於乾隆時蓋其時卿相惟以詞藻結知遇以功名爲光寵以引用門生故吏爲得計以摧殘士節民

德爲快心其弊也貪黷成風民艱不恤雖仁宗出而一誅和珅終未挽回風俗釀而至道光間之政治流寇四出清室將亡矣賴有曾文正羅忠節等講根本之學起而亟救其弊於是苟延殘喘文正中年以後大功成而忌者衆事多掣肘亦未能奏移風易俗之效而淮軍起而代之矣淮之領袖尚功名植己黨亦乾隆時卿相之故智再傳而項城練兵又代淮軍遂爲今之北洋系竟委窮源可知中國衰弱亂亡之胎皆蘊結於乾隆時也仲仁久贊項城幕府而反對洪憲帝制幾受巨禍故知之深而言之痛余寄嚴刻硯譜贈湘潭趙芷蓀丈並題詩云讀罷儒經又佛經閒來檢點曉嵐銘不將聲色娛臣志僅以詞華答

帝廷本撥枝榮文有刼海枯石爛墨無靈可憐太傅皤皤叟猶識　先朝作典型蓋此意也

戊戌　德宗變法時康有爲梁啟超在嵩雲草堂會知名志士數百人講演同鄉岑春煊于式枚關榕祚王鵬運龍煥綸及余等咸入會康梁命曰保國會　德宗失敗後御史文悌劾保國會宣言保中國不保大淸此數百人幾罹黨錮其實當時並未聞此項宣言自有文悌之奏中國與大淸分爲兩截竟作今日政局之讖語爾時新政初敗王半塘鵬運別號爲餞春詞寄意撰點絳唇一闋云抛盡榆錢難買春光駐餞春無語腸斷春歸路春去能來人去能來否長亭暮亂山無數只有鵑聲苦音調悽慘

蓋伊涼之詞也

戊戌變康南海乘輪南渡猶不知逮捕之緊急船過煙臺南海登陸題詩云龍灑粲兮蔽日陰紫微易座帝星沉小臣辜負傳衣帶碧海波濤夜夜深題畢回船甫起椗而煙臺關道奉詔來追船已行矣迄戊申八月袁項城壽日有郵寄壽聯者其詞曰戊戌八月戊申八月我佛萬年我公萬年當時傳爲警語而袁氏見之如芒刺在背是年十月 孝欽病急 德宗遽有金鉬之痛悲哉

崑山方惟一傾心顧亭林其五言律詩尤仿顧酷肖已未在南通辦女子師範有游狼詩曰到岸初知海淩虛不礙雲一間收

故我百慮返蒼旻覓徑花低引回厓磬遠聞薄游意無盡流照日光曛又至狼山聽太虛上人講經和嗇公均云霜落山微紺冬初野尚青綠溪知路近回薄挹巖馨佛喜新興寺僧閑靜說經也隨衆生例來傍戒壇聽又林溪精舍和嗇公均云江海都成壤林溪亦不凡孤雲入山靜一壁倚天巉與佛平分屋無人自築岩刺衣嫌野草時復荷鋤芟又畏蚊早睡云天空忽成市昏至欲無朝竟挾奔雷怒難堪嘬血驕孤身容萬喙一息屏孳囂靦爾微塵裏生生百刼超嗇公張修撰謇晚年別號也

袁世凱於宣統初罷歸彰德時以園林詩酒文其雄心有池曰圭塘袁爲詩云乍賦歸來句林棲舊雨存卅年醒塵夢半畝闢

荒園鵬倦青雲路魚浮綠水源漳洹猶覺淺何處問江村當時和者甚衆有圭塘弟子記之此不重錄相傳圭塘客有扶乩者乩仙有一和袁韻詩頗寓警告之意圭塘弟子所不記余補記其詩云漁父本非忘世客幾時錯入武陵源卅年未醒夢中夢萬里猶留園外園百戰山河雄主去一簑煙雨釣舟存花開花落春如故莫問當年水竹村

貝子戴振納妓女楊翠喜爲妾被趙芷蓀侍御劾奏山陽曹昌麟爲白楊花曲四首記之詞甚艷麗詩曰送盡鈿車拾翠人一天風韻殿芳春相逢無賴隨萍水墮落微憐雜溷茵歌館淡煙彈粉黛帝城寒雪罨香塵謝娘休負閒才思臺閣陰迷飛燕春

一段柔思照柳星楡錢十萬抵金鈴花非冷眼難爲白天若無情不見靑粉簿亭臺初索漠繡衣塵土共飄零昨宵夢墮長安第半晌流鶯更喚醒攪碎離懷不可聆綠楊一樹記蘇家玉顏未委燕支土靑史煩書掌故花杜曲日遲驕寶馬章臺風急返香車王孫眞覺春魂斷海思雲愁有暗嗟宣武城南尺五天飛花三月憶年年風吹池水誰相問霧隔珠簾汝尙顚遷客春歸愁楚雨宰官衣解剩湘綿翠樓一角楊枝外曾許崑崙幾度眠先是載振挾蘇妓謝珊珊謝三寶謝四寶姊妹宴飮京市桐花莊爲御史張元奇劾之留中有人作珊珊曲記之其詞曰五尺罘罳綠樹遮小桃紅處是兒家燕臺幾許閒釵釧爭及蘇門姊

妹花妝束鮮明嚲翠翹羣花齊讓謝娘嬌春風纔上靈和柳便許輕盈舞細腰三郎得意大羅天一曲霓裳會衆仙愛聽吳歌成癎癖開場不召李龜年封章竟許劾蛾眉誰遣分司御史知第一維新稱盛事樊樓先謫李師師春殿從容笑語和黑罡風惡捕嫦娥賜銀賜餅尋常事偏是兒家罪孽多一霎飛英墮溷忙梨花門閉月昏黃司秋信有新編律不試奸四試教坊更番刲蓮遇昆侖冤重無由叩九閽便有金鈴勞護惜殘英只賸一絲魂舊壁頹垣蠣粉明馬櫻花底亂啼鶯不應重怨東風惡老伴秦宮過一生當是時日本戰勝俄國陪京利權被人攘奪余痛親貴之無識撰雜感一律云黃塵十丈蔽雲天忽聽荒莊奏

管絃公子烏衣歌踏踏美人紅袖舞娟娟維揚樂府龍舟曲京維新聲燕子箋知否遼陽消息惡倭奴齊唱凱歌旋亦詠桐花莊事也

己未八月二十七日　聖誕余赴山東曲阜致祭有號南宗孔令儀者亦來祭自言令曲阜之衍聖公北宗也弟也其兄於宋朝襲爵靖康時隨宋帝南渡曰以國事爲重其弟則曰余以家統爲重因留曲阜迨宋亡兄不北歸居浙江爲南宗元封衍聖公卽封其弟承襲至今孔令儀持有　先師及夫人像皆楷木製言是端木子貢手刻形容局促似古時殉葬木偶不及吳道子所畫　先師像道貌盎然現於面目余甚疑令儀藏像之附

會決非眞蹟但余友張仲仁一麐信之且爲詩曰二千四百年前物端木親琱　兩聖容此是中原眞寶器百神呵護到南宗仲仁善文學有氣節與其封翁先後同出翁文恭同龢之門孫師鄭於文恭生日爲瓶社徵詩以誌思慕仲仁投詩云兩世虞山一瓣香記操吳語問鱸鄉貞元朝士垂垂盡當日侯芭鬢已蒼臨賀嚴裝出國門幅巾歸謁外臺尊滿盤棊局都成錯鵓鴿峯頭望帝魂風流文采付雲煙滄海桑田事變遷玉步已移恩怨盡如椽大筆總千年孫竹江南第一枝好將佳話入新詩年年瓶社招吟侶記取榴花照眼時第二首幅巾歸謁等語指己亥大學士剛毅南下文恭素與往謁憂讒畏譏也

杏村於政變後不翦髮爲道家裝束住梅陽山自號梅陽道人余同年得兩道一梅陽一清道人李瑞清也杏村戊午去世其子祖蕤築祠於梅陽山祀之乞余與芷蓀題聯余爲聯云九疏乾坤作秋氣四山風雨泣冬靑蓋杏村曾上疏九次劾奕劻袁世凱也芷蓀聯云正色立朝是辣手文章鐵肩道義英風如在悵打萍身世飄絮山河

壬戌元旦康南海旅居杭州適戲園演戊戌變政故事南海往觀之顧無爲裝　德宗羅笑倩裝南海演至痛心處顧羅哭於臺上南海哭於臺下一時觀者咸引頷看南海傳爲奇事南海有詩記之曰君臣魚水慶明良戊戌維新事可傷二十五年忘

舊夢無端傀儡又登場九天閶闔夜燈低袍袴宮人眼欲迷成住壞空經幾刼不堪舊事更重提猶存痛史懷　先帝要現前身牽老夫優孟衣冠臺上戲豈知臺下有眞吾解牛密覔大刀王王五俠士欲入瀛臺跳苑牆北望堯城不能救孤臣負罪最神傷

南海嘗以中國因總統之故爭競不休年年稱兵民不堪命舍英制慮君共和不能救國又以共和眞理首重民生民生之源端在實業聞山西閻伯川督軍尊孔教行民治遺其友劉仁航黃榮嘩等來晉說以山西生計必招華僑資本大開礦業民自富裕督軍甚韙之當是時山西方欲以井田土地歸公遺意行之於礦務一切礦產皆收歸公有仍由個人經營以免資本家

之壟斷故南海聞而贊之

榆次副貢閻南圖字天池嘉慶時人負雋才工詩書畫余偶游并市見手書殘卷有偶園前後記文多禪理字學傅青主而款章剝落不知何人所書購之歸常子襄（贊春）見之曰此詩人閻南圖手書遺著也余乃索先生所刊之林雨嘶蛩集留影龕集校之與此卷同者數十首亦有此卷有而兩集無者六十餘首惜乎此卷首尾已闕遺落當不少余爲題兩詩於卷首（見詩存）并函送晚晴簃付選據子襄云天池尤工畫蝶晚歲落魄以醫學游食於太谷卒後遺一妾廬居天池墓側守此卷遺詩及畫蝶一幅不忍散失妾死兩者皆散又數日余於市間復得天池所畫

蛺蝶圖仍爲詩記之亦見詩存虞博士和欽銘新和十餘首分新蝶晚蝶素蝶游蝶睡蝶孤蝶雙蝶等題詠詞極艷麗皆見博士詩集此不贅錄余尤喜末兩首云翠鬟嬌蛾信手塗問誰點碧巧施朱人閒雅有天池筆欲補滕王未了圖棖觸西風抱斷箋雪兒心緒絕堪憐只今斜日青陵路應見韓憑脫化仙頗能傳天池及其妾之心事天池詩佳句甚夥擬補刊之今錄數首於後漁父云綠楊村畔水溶溶幾片蒼苔釣石封拋網淺波山影碎掛蓑紅樹夕陽濃風喧浦口多迴雁雲覆潭心有臥龍魚膾蓴羹半瓢酒不愁雙鬢久蓬鬆懷伯制軍麟云疏林遠水澹斜曛歸臥茅堂古澗濱鶴老尚存江海志松枯猶剩薜蘿身閒携康樂壽

山屐自製淵明漉酒巾休說窮居少經濟耕漁也是不閒人春日過智遠禪師因題寺壁云初日照山屏雲中汲井歸地映叢草脆林煖蟄蟲飛禮塔敲寒磬尋溪浣衲衣時來巖樹下趺坐學忘機皆佳什也幷附偶園前後記前偶園記云舍西隙地數畝荒蕪殊甚予乃掃除之築室三楹疊石為峯埋盆作池栽草花竹柏於中於是蟻緣檻而窺鳥拂簾而語蝶弄蕊而翩翩蟬依枝而嘒嘒主人來遊徘徊既久撫時觀物愀然而嘆曰噫此何境也山耶河耶草木藪耶城耶村耶邱墓墟耶園之先不可知也水耶焰耶戎馬場耶樓耶臺耶綺羅叢耶園之後不可知也不特此也撩鬚拂翅弄影蹁躚其果即鳥與蝶耶槎枒遠拂

磊砢高堆其果卽樹與石耶蓋亦偶焉而已嗟乎我不亦偶焉
者哉我其搢笏丹墀握符紫塞爲名垂靑史者耶我其擊筑秦
關吹簫吳市爲乞食長衢者耶栽園桑而賣絹收家李而鑽核
我其田舍者奴耶石聞法而點頭花入講而含笑我其闍黎者
流耶極之雲煙矯翼江海揚鬐我其飛者耶潛者耶枯松磊磊
朽麥脩脩我其靈者耶蠢者耶若此者或我先或我後皆非今
日之我也則以我之偶爲我而適遇園之偶爲園是海萍之縈
繞遇回瀾也浮雲之䨴䨳遭飄風也則不必抱警枕運大甓曰
志在遠大則不必珍歛帚藏木屑曰較在錙銖則不必十畝濮
上之桑千頃渭川之竹曰謀我衣食則不必垂錦髾而授經曳

布裙而舉案曰樂我妻孥則不必撫劍斟濁釀讀史評古今曰抒我孤憤則不必談經茹紫芝逃禪遇黃石曰養我眞機則亦散髮踑踞酌酒自醉隨時觀化以全天趣聊以觀夫偶爲鳥與蝶者之睍睆翻音蹁蹮弄影而已矣聊以觀夫偶爲樹與石者之扶疏遠蔭嵂崒高堆而已矣聊以任夫偶爲我者之滅而生生而滅而已矣後偶園記云夫身何生生於業業何生生於心無心則無業無業則無身夫亦曰性而已矣先天地而不有也後天地而不無包乎天地之外而非大也入乎毫芥之內而非小存存焉惺惺焉如如焉亦何生何滅之有也哉

趙意空道人工詩善畫余嘗託繪西陵圖以資瞻仰道人以疇

昔未到難於着筆辭之爲詩柬余曰桑乾北望陣雲昏墩火峯雲接雁門（時直皖戰正烈）孤客怕聞風鶴警夕陽空拜杜鵑魂莫愁萍水都成夢不信桃源別有村畫意詩情兩枯寂飛鴻難著雪泥痕道人另畫山水贈余頗似輞川風景自題詩曰南坨雲起山模糊北坨瀑水爭窒趨松濤日夜無停息墅麋挺走林猿嗁夕陽飛鳥逐前侶犬聲如豹村落孤紛紛木石與鳥獸詩情畫意難描摹道人此際無聞覩睫簾不捲禪心枯客來只許裴秀才胡爲長安市上從屠沽道人原名福圻字介之官陝西知縣辛亥政變與其友吳少蘭（庚）張衡玉（瑞璣）同回晉訂莫逆交少蘭別號空山人未幾少蘭病故介之遂號意空道人衡玉官陝西時

有政聲豪俠好酒醉後潑墨爲梅花豪放如其人近年隱居趙城築別墅顏曰誰園蓋謂誰居此園園即誰屬也余於孫藥癡觀察（奐崙）處見有題自畫梅花詩曰風滿書樓山滿牖主人悶坐過重九驛使遠道餽殊珍津門醉蟹潞州酒貧兒得金喜可知解饞飽我老饕口一寸眉峰起崢嶸興酣呼僮換大斗酒後肝膽生槎枒移燈伸紙揎兩肘破筆焦墨寫梅花但求適意不嫌醜東皇太乙正酣眠夢中驚報花神走起據玉案傳天曹雷霆檄文書蝌蚪飛檄下界遍尋春三十六宮春無有天地蕭瑟草木秋春在誰園主人手帝曰狂生汝來前汝之狂妄無其右汝骨不媚氣不柔鼓舌搖筆動得咎闕來腕底生春風豈無桃杏

與楊柳姹紫嫣紅汝無緣甘向山中結寒友人情杯酒伏干戈世事白雲變蒼狗滄海桑田都經過南越北胡無汝偶十年狂名落江湖歸來祇有窮可守倔强仍與造化爭笑汝顏甲十重厚帝言未畢主人與擲筆再拜曰否否人與梅花同風標鐵骨冰心不染垢生來不解畫牡丹案頭脂粉塵封久帝言雖嘉違我心請帝出門勿我誘空山冰雪有長春東皇恩澤誓不受

黃賁鶴廷光河南人博雅好古尤工篆隸嘗任山西芮城縣知事搜羅芮邑之北魏造像碑文數十種保存古物爲政尚廉潔歲庚申虞和欽博士贈余潘樵侶所繪雲臺山種梅圖賁鶴題詩云羅浮夢殊杳芒廣平賦近鋪張大庾顚誰頡頏雲臺山下有

逸叜種梅萬本森琳琅丹青妙手潘樵侶一幅圖成筆墨香展轉流傳幾易主今入君家閟閣藏聞君說此山如遊鄧尉鄉見君詠此圖如登林逋堂願君買此山遐想古羲皇願君續此圖存作魯靈光吁嗟兮酸鹹嗜好難强同彷彿淸濁淳與濁淳但使長伴梅花傲霜雪冬烘遭罵亦無妨又何必江陵五千橘成都八百桑又意空道人題云閉門種菜養雄心觀瀑名圖取叶音李毅齋句昔人每每圖觀瀑意在叶音會警心爭及置身香雪海雲臺山色畫中尋萬本寒香一徑蒿金鴉親劚月輪高君家舊物羅浮夢不惜并州快剪刀皆佳什也

羅韻珊振琳善書工詩嘗至蒙古著遊蒙雜記余喜其山海關閒

眺云雄關百尺勢崢嶸三衛金甌拱帝京此日星軺新驛路當年烽火舊邊營開原秋老丹楓色鐵嶺風高畫角聲何事停車閒弔古塞雲千里黯荒城夜宿昔林金斯克聽俄婦談稿砧戰死事云野店荒涼月色昏叩關款款宿柴門怕聞村婦談前事頓使征人斷客魂大地無情埋戰骨春閨有夢漬啼痕夜闌燈灺霜天冷相對欷歔酒一尊渡色楞格河云蒼茫一水接天流荒渡人稀動客愁疏荻連江鷗影澹黃雲橫塞雁聲啾波翻岸石冰花湧日落郵亭暮靄浮莫吏中流思擊楫深寒陣陣薄征裘

羅荇樵炎藻先君柳溪公在湘所取士也熟嫻經術年六十餘風

騷似少年余在晉每作文時竊忘經典出處一問荇樵歷歷如數家珍同事者號之曰書櫥庚申余於舊篋中檢得　先君集句留別遺詩殘稿詩曰黃花紅葉滿秋山（耶律楚材和薛伯通句）萬里書馳書望玉關（元好問送李參軍北上句）樽酒闌珊將遠別（韓渥贈別句）轉蓬流水幾時還（李遠贈瀧關不下山僧句）荇樵和韻云頻年烽火滿衡山無限流民出故關安得程門三尺雪洗清原野慶生還蓋是時湘省兵聯禍結民不聊生故荇樵思及程門立雪時也

山西考定雅樂聘張芹蓀（鴻藻）彭芷青（慶壽）顧梅羹（燾）等來晉於育才館內設雅樂科釐訂之余三子成武結婚張彭等參用

御纂詩經樂譜爲奏螽斯麟趾兩章並贈詩云彩輿飛向碧

霄來前路笙歌細細催儀範如金人似玉壽眉堂上一齊開郎才綺歲冠羣英中令傳經舊有名從此閨房添韻事讀書聲和鼓琴聲珠箔銀屏列四圍鴛鴦繡就總雙飛紅氍毹上含羞立疑是瑤池飲宴歸睢麟遺意譜風詩蓮炬雙雙照玉巵記取良辰剛二月窗前春到小桃枝同時晉陽能琴者有四川顧卓羣舉江南孫淨塵森廣東招學庵勳而湘南楊時伯宗稷亦於壬戌夏間聘至中國此時琴學之盛當推晉陽每彈漁歌及瀟湘水雲等曲令人一往情深奏孔子讀周易一曲髣髴見夫子爲山東口音琅琅誦元亨利貞然者皆妙技也余子媳等皆從卓羣學琴故贈詩有讀書聲和鼓琴聲之句孫淨塵別號江東布

衣工詩善琴並喜監造琴瑟余四子欽武學琴淨塵於十年前得井陘古桐督工製琴贈之余謝以詩見詩存淨塵植牡丹於東園每牡丹盛開時集詩友琴友載酒賞花琴聲詩聲交作洵雅趣也時伯琴學尤深所著琴學叢書搜羅宏富海內重之卓犖著元音琴譜芹蓀茝靑梅羹等編雅樂集釐定宮商皆可爲吾國講求古樂者圭臬也虞和欽銘新博士時官山西教育廳長亦工詩善琴嘗在大同口占詩有句云空谷不田砂滾滾亂山無樹雪皚皚又有句云心無宿憤何須醉身有長生不用丹得宋人遺意從楊時伯學琴得其眞傳時伯有工人秦華善製琴和欽盡得其妙竅造虞詔一百張名人多題詠之

柏巖感舊詩話正誤表

冊別	頁數	行數	字數	誤	正
卷一	第一	十四	伯字下	巖	巖
	第五	十三	靑字下	棲	樓
	第七	第二	我字下	舫	舠
	第九	中縫	詩話字下	一卷	卷一
	十三	第九	帝字下	脫	闉
	十六	十四	牙字下	蕭	簫
		十八	門字下	鐘	東
	十八	十四	南字下	脫	皮
	十九	第一	宣字上	鶻啼	啼鶻

柏巖感舊詩話正誤表

卷	頁	行	位置	誤	正
卷二	第一	第九	乃字上	葵	蔡
	第三	第五	重字下	壁	璧
		十八	玉字下	脫	貴
		二十	府字上	貴	衍文
	第四	十二	裏字下	雲	關
	第六	十六	隨字下	伏	伩
	第九	十四	子字上	楊	揚
	十一	十三	裏字上	閨	閏
		十四	庭字下	綰	館
		二十	龍字下	鱗	鱗
卷三	第三	第七	哉字下	接連	張仲仁

第四	十二	戊字下	脫	政
	二十	猥字下	脫	山
		一字下	間	閒
第五	第一	百字下	憲	慮
十三	十三	砧字上	稿	藁
十四	第三	里字下	書	衍文

[illegible] 二 [illegible]柏[illegible]

柏巖感舊詩話正誤表之二

册別	頁數	行數	字數	誤	正
卷一	第二	十八	柘字上	幝	樿
	第六	第七	小注陸字下	佃	凱
	第八	第三	十字下	章	年
	第九	十四	朝字下	脯	晡
		十三	別字上	十	七
		十六	遺字上	念	憖
	十二	十二	一字下	吊	弔
	十五	十三	鴻字下	璣	磯
	十六	十六	爲字下	穆宗上	宜空一字

卷二	第一	第二	當字下	孝欽上	宜空一字
			府字下	孝欽上	宜空一字
		第三	之字下	孝欽上	宜空一字
		第四	國字下	孝欽上	宜空一字
	第三	第二	疏字下	勅	勒
卷三	十三	十七	聲字下	啾	秋

又卷一第十五頁第九行蔣性甫送趙芷孫侍御詩刻本係當年記誤後由侍御寄鈔原稿其詞曰三年依舊青青柳送客江亭倍惆然我欲歸時歸未得故人一去楚江邊

潛并録詩存初續

趙柏巖集
湘潭趙啟霖署檢
國立廣西大學圖書館

潛羿錄詩存初續

潛幷錄詩存初續卷一

全州趙炳麟竺垣稿

題高且園其佩畫壬戌

且園有逸叟能畫復能詩潑墨爲古樹老幹森龍鬐著手弄春色鮮花綻玉肌旁有椎髻翁鬚髮如冰絲粲然作微笑愛此古豔姿恍似趙師雄羅浮夢醒時又似虯髯子瞻紅發古癡柏巖獨心賞賞爾胸襟奇滌塵理遺紙爲寫琳琅辭寫罷相對立清香滿樹枝

得傅青主先生手書格言誌感

傅公字學宗王叟晚歲賾王舊習除奪以中郎豪放意揮成魯國勁剛書岴瞻漫詆原無識伯紫窮搜亦有餘文字塵緣三百

載遺箋流落到潛廬

太原東北京江亭留春會諸君子癸亥

聞道江亭有盛遊看花煮荈會名流錦囊各有留春句彩筆權當送酒籌檻外孤山青似髻窗前萬葦綠盈眸嗟予五十髭鬚白徒望天涯寄遠郵

答虞和欽自北京寄東

我本清湘灌園叟無端遊宦來幽幷幾年學吏似學佛幸有儔侶心爲傾滔滔歲月去不返六載新舊若楸枰朱徐已死朱復初徐戟門君歸去感念疇昔衷怦怦頗思桂林耕釣處萬松環繞襟期清昨宵得君山谷語朗誦字字如瑤瓊琴兒大好洵堪樂我聞猶

爲浮一觥臨池作字盤秋蚓吹簫低唱啼春鶯寄語東風善維護毋令妒雨摧紅英我家雲兒偏工懶惟操井臼陪山荊豈徒字畫久不理昔年詞曲亦荒生我説琴兒作勸勉伊言家俗毋輕更聽講君詩只憨笑一言託慰琴兒情柔存剛折守老訓萬事如此君莫驚

和趙芷蓀御史題漢圉令碑原韻

循良聞憙昔稱賢（余在晉得漢循吏故聞憙長碑）圉令高蹤更可傳寒山藏本君題詠清白吾家有夙緣

幾年雲水作閒游薄醉壺春小酒樓（西洽社社旁有壺春樓余在西洽社得帖甚喜沽酒此樓飲醉）轉瞬又同陳迹杳海山何處覓仙洲

附趙芷蓀原題

遺碣謳思漢吏賢縱無名字自流傳琳琅什襲歸宗衮佳話千秋翰墨緣

西泠偶作訪碑遊腸斷東甌范氏樓珍重初平孤本在莫教流落到瀛洲

聞盛杏蓀宮保卜葬感賦

廿年塵夢記依稀耆舊凋零百事非赤縣已看王氣盡蒼梧空望帝魂歸偶來別業開寒碧（宮保別業在蘇州名寒碧山莊）猶戀君恩賜錦緋遙盼靈車攀未得江天寥廓又斜暉

荏苒韶光付逝波申江一別痛如何黃冠歸去心猶昨白髮相

看恨轉多高義記懸徐穉榻孤忠空握魯陽戈題碑我愧中郎筆悵望南天老淚沱

四月二十一日爲故友朱復初生日與賈熤如先生等以杯酒酹奠感賦二律

幾年文酒結歡深復初在日每逢生日必集朋輩歡讌大醉而散一去泉臺思不禁汾水秋風當日夢鑑湖明月故園心琴樽我輩黃壚慟芻束今朝白馬臨渺渺吟魂招未得棠梨開遍墓門陰

墓田東望碧無垠腸斷臨風酹一尊荒寺楊花迷遠道亂山杜宇黯離魂冰紘句好詩名在古硯齋空手澤存國事日非朋輩散年來心緒不堪論

憶西湖

昔白樂天偶憶蘇杭宦遊爲憶江南詞按此曲舊名謝秋娘乃李德裕鎭浙西時爲其妾謝秋娘所製樂府雜錄改爲望江南樂天則改爲憶江南余回太原偶憶西湖之遊亦爲此調命名曰憶西湖云

西湖憶最憶是西泠古帖爛斑香馥郁名花爛縵色婷娉一茗抵仙醪

西湖憶其次憶孤山放鶴亭前梅破萼觀魚港上草垂鬘一坐得心閒

西湖憶小小酒家樓趁月取泉調藕粉臨風撥火熱糟邱早晚

可停舟

西湖憶古洞有煙霞石徑旁通天竺路茆亭遠看浙江槎風景望中賖

詠翠翹花并序

客歲遊五臺山有花嬌豔葉似菊而略犬色藍蕊白余喜之幼兒欽武曰盍移之歸因取數株植諸太原寓廬有博物者曰此翠翹花也以花蒂翹起如婦女之長髻故名按植物名實圖考名月下參又名小草烏又名雙鸞菊有毒切勿入口鼻今歲花開爛縵占此詠之

此花鮮豔出臺山塵世繁華早汰刪不著胭脂只藍蔚慣餐煙

霧愈淸閒葉流翡翠凝仙掌蒂聳雲翹似小鬟我有一名思喚汝蜻蜓款款擬容顏花有兩蕊色白似蜻蜓目一蒂垂後似蜻蜓尾花片似蜻蜓翅余擬名曰小蜻蜓花

和趙芷蓀御史題柏巖奏事錄原韻

少年豪氣貫星芒不斫神魂夢不忘鶴唳正悲孤嶺雪猿啼忽報數聲霜水漂火刼愁無奈地老天荒怨自長慚愧故人題七字余心垂暮亦皇皇

附趙芷蓀原題

臺驄殿虎舊光芒過闕車聲總未忘萬事已看成泡影一編猶自挾風霜焦頭移突嗟何及抉目懸門憾正長拔盡卷葹心不死鐵函他日訴　先皇

哭張奉新二十二韻

江右溯孤忠卓哉文信國高節金石堅正氣乾坤塞於今七百年流風未衰息吁嗟張奉新軼事猶堪憶壯歲走四方仗劍稱無敵轉戰五十春專閫多殊績叱咤變風雲喑嗚轟霹靂殺賊鬢已蒼君恩酬未得國祚際龍蛇江山空半壁欲揮返日戈難盡回天力太歲在己未公伏津門櫪相對淚滂沱傾杯訴胸臆共期百年身餘生各自適秋風氣蕭森白日忽西匿喬木撼青葱高山崩巔岃滄海無停瀾橫流日愈激正悲大陸沈復感故人寂地下見 先皇代將肝膽瀝梅福遯賤傭鬚髮亦星皙慷慨念舊交寸心彌寂寂哲人日已遠蒼天曷有極呑聲奠一樽

當作山陽笛

中秋夜閻省長約同人進山望月偶賦

我本湘源避世人并陽六載看冰輪又逢佳節分朝夜（禮記月令是月也日夜分）喜接明侯略主賓（是夜月下彈琴奏雅樂賓主皆盡歡而散）皓月依然垂普照舊邦何以與維新他年史氏從頭記此地團圝十二春（紀元以來晉幸秩序井然民樂其業）

太原東虞和欽

不見和欽又半年每逢文酒興悠然邇聞十日一歸沐如此賢勞亦可憐（時和欽贊馮將軍玉祥幕十日一歸宅）

君有琴嬌我澹雲兩家小眷意慇懃自從日下匆匆別雲憶琴兒我憶君

癸亥九月九日賈煜如先生景德山西人約宴純陽宮感賦十七韻

七載晉陽留朝朝過此樓純陽宮與廳署比鄰黃華重九節白酒兩三甌客意傷戎馬閒情寄斗牛畋懷沙苑日沙苑上射孤鶴帶箭飛去迄幸蜀上幸明月觀見壁間箭即沙苑畋時射鶴箭也又舊唐書貞元十三年九月九日上宴宰相羣臣於曲江賦詩賜之宴憶曲江頭集異記天寶十三年九月九日獵於幘脫猶豪曠詩成半旅愁茱萸從俗禮麥黍感宗周故事思彈虎遼史九月九日天子率羣臣登山射虎傳爲故事新聞笑沐猴天高悲鎩羽秋老足盈眸嶺海書頻隔京門塵未收餘生聊避地橘叟漫包羞混迹同羅隱五代史注唐進士羅隱爲吳越王錢鏐掾吏投詩云征東府幕十三州敢望非才忝上游官秩已叨吳品職姓名兼顯魯春秋鹽車顧後聲方重火井窺來焰始浮一句黃河千載事麥城王粲漫登樓隱在唐時累舉進士不第人以爲必恨唐迄唐亂贊錢王保境安民每詩不忘君國史以是多之飄零等陸游陸游成都泛舟詩云飄零自是關天命錯被人呼作地仙且將

陶令秫權作邵公疇歲月隨流水乾坤一聚漚小言當諷世大鑿悟藏舟伏處憑蝸室輕寒到鷫裘良朋欣聚首一醉萬緣休

癸亥九月九日煜如先生約宴純陽宮余成感懷十七韻席間與江叔海常子襄郭允叔趙意空等十人用顧亭林先生酬王處士九日見懷詩離懷銷濁酒愁眼見黃花句分韻賦詩余分得愁字因賦一首并柬昌山莊蓀丈

九日登高作勝游主人載酒集名流江山有恨惟餘淚天地無言忽過秋回首故園皆戰壘傷心往事盡浮漚光陰容易成今古滿地黃塵舉目愁

題戴丹楓遺像（戴楓仲別號丹楓閣山西祁縣人明逸民入清不仕著半可集渠楚南京卿爲刋之並刋丹楓遺像於卷首）

余生何不辰適逢陽九刼恨彼荆棘叢輟我耕桑業混迹來幷門竇劍塵封匣抗心訪疇昔太行高岌業有閣號丹楓歸然未銷歇山樵庋遺像凛此冰霜節南冒北戴名貫耳如雷霆丹楓與冒辟疆同馳名文章本餘事忠孝相融洽合當一瓣香允拜先生烈先生不可追山樵歸馬鬣眷言懷故人涔涔淚承睫甲午余十七歲入京會試時楚南京卿方官內閣中書公壬辰成進士　先大夫同年友也立抗心希古齋以爲會文之所余以會課得識面辛亥國變與余同拜宣慰使之命議論甚合今京卿逝世宿草青矣感今思昔爲之黯然　渠本翹字楚南山西祁縣人光緒壬辰進士授內閣中書辛亥簡山西宣慰使晚年別號麓臺山樵

賈煜如近建韜園詩社以詩見贈依原韻爲七律二首和之煜如前清進士任山東州縣有政聲共和後歸贊闔督幕府

憶屈儒流現宰官龔黃政績報長安鄆陽正待韓公治宋韓琦知鄆州有政

聲漢室忽傳劉氏冠梓里歸膺幃幄寄并州共作斗山看閒戍詩句如瓊玉擊缽吟來暮雨寒

笑我年來隱橘官一枝聊借得身安每思換世當蜷伏愧未銷聲遯鶡冠晉水今朝猶潔淨臺山異日恣游看五臺山下有唐時之古清涼寺荒燬殆盡余擬搆土室數間以爲異日菟裘之所故人七字勞相寄願結同心耐歲寒

題郭允叔漢瓦硯得神字

郭君烹甘復載醇呼朋讌聚文湖濱手持長樂宮中瓦爲廣題詞招故人蓬萊閣荒未谷死誰識篆隸釋龍鱗吾儕豈作王慈玩感念治亂嗟環循始皇奮武大一統六王稽首皆稱臣都於咸陽受朝賀衣冠濟濟遷莘莘伐山鞭石聚將作泥沙用去忘

邱民楚人一炬竟焦土可憐故址森荆榛漢幷天下方七載長樂宫成景物新宏規大啟擴秦制迴環廿里阿房貧遷自櫟陽逞崇麗諸侯劍珮闐城闉漢家當鑒前朝侈何爲窮奢終無垠千秋萬歲徒自頌新莽六尉忽遄臻河山自古等泡影轉瞬萬瓦皆沉淪幽光閟久偶一見徒使後輩焦吟脣憶余庚年扈行蹕麻衣草履奔西秦秦宫漢闕每憑弔蒐求古物參差陳亦得此瓦壯游篋更有衛字尤奇珍庋置湘源十三載瓦兮曠若天涯賓今宵啓匣觀君硯髣髴再遇平生親（光緒庚子之變余隨扈至西安得秦瓦硯數方亦有長樂未央瓦其中衛字及雙鹿形瓦余尤寶之宣統二年余罷御史台帶還全州今十三年矣）吁嗟兮樂游苑廢走麋鹿甘泉宫湮飛白塵古來朝代且如此一時離合胡兟兟余心近頗悟禪

寂不以物喜及悲瞋却惡英華易洩盡何如什襲留天眞偶濡枯毫爲君詠四山風雨驚天神

和意空道人題水鏡樓原韻

久別昆明舊玉瀾（頤和園昆明湖之玉瀾堂德宗駐蹕地也）幷州一眺夕陽殘恨無策略回天意幸有朋儕共歲寒景定詩篇隨筆寫太行嵐色倚窗看道人本擅丹青筆盍把江山氣象干（道人素擅畫筆甚盼將聚會風景隨意寫圖他日我輩東西南北展圖一觀亦一大泡影也）

癸亥十月十二日韜園訪賈煜如並柬北京虞和欽

蔌蔌激流猋焜黃盈四野獨坐寂無聊呼車御羸馬出我潛幷廬訪彼韜園社主人開徑迎握手深簷下委辭類負貢夸適流

俗者導我曲池旁摩挲漢宮瓦古籍堆星稠求宗富墳雅謝瞻感臨流飛蓬歡心寡余昔未出京即晤虞與賈賈初膺政務虞官教育也（丁巳余簡山西實業廳長同時煜如簡山西政務廳長和欽簡山西教育廳長）我本避世人塵網亦同罥先後入并門契若金在冶議事篤笙磬敦交洗罍斝三十六硯齋襟期亦瀟灑（謂朱復初時官山西財政廳長）倏忽七八年光陰如轉輠賈君去復還韜迹寄斯廈（煜如之韜園即租和欽在晉時所築之蒔薰精舍也）虞君居京門何日手頻把邇聞作經師講易悟般若（和欽近爲馮檢閱使講易經聞十日一歸沐獨居南苑頗悟佛理）朱君謝塵世墓木拱梧檟眷言懷舊人彌悟萍蹤假文章本餘事宦蹟更堪嘲惟期早解兵萬松樂虞夏（甲寅余避洪憲之禍築萬松草堂於全州柏巖前居之）

常子襄得傅眞山畫鴨索題賦此

眞山自有眞字畫皆餘技即以字畫論亦足起委靡淺見笑吔瞻鈎摩苦伯紫吾友長髯翁頗能領斯旨零縑重若球片羽得之喜傳公作畫時偶見鴨在水鴨如烹作羞定燦明堂簋馨香報衆生豈但歆神鬼不幸作伏雌俎豆當蒙恥傳畫髯翁藏貞光浮寸紙

崛𡾊山懷傅靑主 得主字

宛轉汾河濱悠然見雲樹云是崛𡾊山巉巖絕塵土山昔有高人人日傅靑主息影守空廬宿心棲元圃豈戀此煙霞愴懷在君父遂令少壯心俯仰成今古磊落多素交抱志良堅苦南靁涉海洋崑山走秦魯天意不可回何如潛閉戶偶然作短吟似

偈非詩矩完此耿耿心黄農在環宇至今數百年誰歟踵斯武
我披霜紅龕悵悵淚如雨

和郭允叔見贈原韻

吏隱并門友俊良郭家詞筆挾風霜論才燕市非同隗講學河
汾祇慕王水鏡樓中新稿本文瀛湖上舊書堂臨歧一語君須
記同領清風作膽嘗

近把浮漚喻此身竊思薄宦愧前人海疆未息孫恩警世路難
尋漁父津縱有雲山堪避地每披冠帶暗傷神吟詩幸與高朋
接莫管汚人十丈塵

越舟女并序

余友徐戟門觀察有侍姬汪氏錢塘人戟門官冀甯道時携至太原事母以孝稱會戟門丁母艱回滬旋病卒姬買舟赴吳淞蹈海以殉因用陸梣亭越舟女題並仿其體而用其韻賦此旌之

越舟女越舟女獨踏波濤別儔侶誰言正氣絕兩間猶有貞光浮海渚憶昔并州春睡濃雙槐堂上胭脂紅（戟門在晉時有雙槐堂養親圖徧徵題詠）自來滬瀆多顛阻姑亡夫死遭罡風墓門一望黃塵封褰裳竟蹈馮夷宮越舟女越舟女七尺鬚眉猶愧汝後有輶軒慰烈魂毋重轡纓輕羅綺吁嗟兮何時執政得古公不見曠夫及怨女

曉聲四首 并序

韜園詩社同人郭允叔以冬日卽景詩索和老友孫師鄭亦有夜聲數首允叔之詩仿皮陸體余苦於和師鄭之夜聲北京夜聲非幷門夜聲也余亦苦於和近因不寐偶然聞聲卒成四律以答允叔並柬師鄭及同社諸君子其時近曉命題曰曉聲

幷州息影慣疏慵却喜能將古聖宗（文廟立宗聖社）睡後不知天混混醒來只見月溶溶乘風滄海成陳迹待漏觚棱夢昔蹤最是醒吾平旦氣一聲清澈洗心鐘（文廟洗心社早鐘聲）

窗紙微明月影低忽來聲響和鳴雞昔年墮淚黃河讖此日酸心烏夜啼久息壯心停舞劍猶留殘夢厭聞鼙天涯悵望無鸞

鳳剩有良禽擇木栖 烏鴉聲

造物勞生亦太忙往來南北自倉皇百年瞬息同駢拇一曲離歌數斷腸毎載濁塵盈世界時驚淸夢別家鄉磨砂鐵輛飛奇響縮地於今信有方 火車聲

一嘯驚人出混茫乾坤從此復重光憑誰喚起東方白望爾呼開曉色蒼我欲壺中駐日月安能夢裏樂羲皇幼兒最喜聞聲起自拾書包上早堂 息電燈汽笛聲

送江叔海先生還都度歲 拈得爭字

河汾同避地共此厭紛爭絳帳君談道靑疇我勸耕言詩卑駱體泛宅託燕京明歲春花發重邀載酒行

答陳芷莊敬棠原韻

寄跡幷門忽六年慚無嘉績報羣賢麟來晉之初閻伯帥陳芷莊趙遂庵張友芝等皆函電歡迎忽忽六年慚無寸效以報之傷心每歲聞征戰束手何能挽國權老懶著書焚舊草閒思寡過誦韋編故人七字當招隱莫管塵寰滿八埏

寰海於今盡棘荆與君市隱了餘生每逢伏臘傷新莽徒有凝心戀漢宏刼運未闌安卽福國家多難貴非榮相期珍重山中約異日臺懷作耦耕臺懷鎮在五臺山下

柬汪袞甫公使友人汪袞甫宣統間同朝友也近由瑞士公使調駐日本順天時報登其最近影片蒼老幾不能識面感賦一律

故人一別十年餘顧影蒼蒼忽感余可是風雲愁故國或因霜露倦征車文章每憶從民意宣統時各省代表在資政院請速開國會余與袞甫合共起草代奏今國會效果如此袞甫袞甫非我輩

之罪乎 氣節猶思代父書 封翁反對洪憲七不可書聞係袁甫代起草 昔日少年今亦老當年衰朽更何如

五十一歲初度偶賦

太清運妙有萬彙任胚胎癸酉余以降呱呱猶衆孩膝下有兒息堂上歡顏開弱質苦樾渫寄我歸如來 生余之夕先父母夢天竺居士入室因名余曰浙杭字余曰竺垣幼小時多病寄名全州之廣覺寺爲僧徒拜定慧禪師爲師十五入邑庠後方贖身還俗 讀書能記誦下筆稱奇佽十一至湘西屬對鷲羅陔 癸未先循吏公以閣太夫人服未能赴京會試西延州同羅陔聘掌湘西書院麟隨侍受讀羅陔字白樵四川副貢能文善詩席上以署中木筆大開出對試麟曰木筆朝天書寫直將雲作紙麟對曰荷盤貼水收納方藉露爲珠署後有荷花亦本地風光也陔大賞之 始學爲括帖漸解吟聞雷 麟十一歲時先循吏公授以制藝之法是年春在湘西聞雷詩云萬木陰森閉不開天空忽響一聲雷莫嫌霹靂驚天下自有朝陽指日回余詩集自甲午起穉年詩皆删未載 老父掀髯喜期我非凡才世運遘陽九萬刼飛塵灰

昔年英壯氣所在皆違乖匆匆五十年報答無涓埃每夢幼年事太息心煩哀

壯歲慕游俠試劍燕臺南不信乖龍乖折角入其潭孽怪吐淫霧蔽我歸茅庵白日晦不明百鬼任趨蹌可憐神州域愴黷民不堪回天既乏術蹐地復何甘錦繡變荊棘嶺海尤狂憨船山恨無山龔龕苦無龕徒撫平生志輾轉多懷慚

邊帥建義旗招余決大計川湘兵正狂倉皇草文制一出七經春豈不戀八桂我志既難伸我駕將焉稅適晉逢文侯禮士超常例中原多黃霾此邦猶清霽乙卯陸武鳴將在柳起兵討洪憲約余贊助同出湖南赴國會丁巳備山西實業廳長忽忽七年矣

敎子冀傳經餘生當避世猶憶四八時作詩聊紀歲和者數

十人喬皇兼典麗鮑老齒獨尊四律稱佳藝余在晉四十八歲初度有感賦詩冬甫先生和五律四章展卷念故人存亡已堪涕鮑老矍鑠哉詩懷猶壯厲鮑冬甫先生名振鏞江蘇人前清任高州府知府有政聲年將八十近與晉陽諸君子及麟等結韜園詩社吟咏不輟寫稿不用眼鏡赴社往來不持杖行　人生得健康何必問興替但求如鮑年萬事任匏繫

老無四方志常有名山思天竺雖有緣華靡恐難支四顧多囂雜欲借擇何枝桂當覆釜住覆釜山一名寶項在全州西延大山中唐寂照禪師煉丹處　晉擬臺山之紅妝放少妾青緗付長兒向平獨遁跡習靜學安期室屏緇塵擾心惟黃蘖知泉聲響汨汨野菊芳離離閉目參禪理澄心誦道詩山中多歲月待訪續明夷後世有王者或來取鑑茲天如假我年晚樂應如斯

附鮑冬甫先生振鏞和詩

昔讀先生自壽篇流光荏苒已三年又逢菊酒開懷日恰好梅花待臘天御史舊驄思梗概清門雛鳳喜聯翩虞衡美利勞經畫應有餘閒課秫田

新詩四詠性情眞著述觥觥更軼倫獨愧美言飾衰朽曾無俊語和陽春鄉評引重高當代吏隱舒閒寄此身煊赫浮榮皆幻耳與君一笑醉芳醇

附趙芷蓀先生啟霖和詩

赤手無由挽落暉蒼茫八表欲誰依著鞭乍聽荒雞起擇木還看倦鳥歸庾信何嘗厭蕭瑟乖厓初不爲輕肥張乖厓詩云寄語巢由莫相笑此心原不爲輕

肥

惟餘僂僂孤誠在坐對神州賦式微

飄零身世類匏瓜又值中元感歲華蘧瑗行年剛已過孔融數齒尚微差（孔融與魏武帝書五十之年忽焉已至公爲始滿融又過二）新愁社燕能依主往事神羊憶觸邪莫訝楞嚴堆案上前身居處在恆沙

附賈煜如先生（景德）和詩

生人在塵世命無百歲延去日忽已多虛擲都可憐一年一初度介壽開華筵祇知生日樂而忘阿母艱富人望嗣續眼穿始有身多子貧者例苦痛尤難言匝月患惡阻嗜好殊鹹酸姑也食可擇婦也艱一餐嘔嘔歐吐作攪攪腸胃翻少或逾百日多必十月完井臼親持操舉動靡不難亦有貴婦人疲喘無安眠

哀此一塊肉血費千萬盆一朝彌厥月乃屆生死關箕張牛亦奮拆副臨大患生女且勿悲但求母安便彎彎見桑弧今日門上縣生男且勿喜但喜母子全母頭既已白兒長亦成人娶妻又生子漸知母艱辛艱辛亦何多最是生我辰歷盡一世苦未博一日歡恒感友朋意祝我壽百年小人亦有母未免笑旁觀趙侯賦佳什突過時世賢述事始孩提自壽不及焉觸我皋魚痛惻然摧心肝感慨爲此詩欲附公以傳

附李伯仁先生向誠和詩

風雅有正聲晚近矜奇異犖犖趙全州清詠獨言志讀公自壽詩情眞語亦摯張燈中夜吟一室發秋吹公寧以詩重聊寫平

生意朋好競流傳於公特餘事在昔勝代時朝政若風痺封事著直聲公在臺諫地進言不見納忠讜知無濟一朝投劾歸坐歎河山碎塵刼歷滄桑舉國望新治詎料羣龍戰干戈靡寧歲自公來并門七載叨聯欒獨念棟樑材一官僅小試公意自灑然神完中有恃嘯傲一蘧廬琴書有餘味時或訪交知商略舊文字遠念覆釜山近羨五臺寺百歲日方中公其善藏器願葆歲寒身佇待大任畀祝公壽而康斯語代揚觶

全縣中學校校歌　校長唐王洋來函乞撰爲此以寄之

緊我全邑兮清湘上游澤施南國兮名著神州文經武緯兮榮譽長留願我後學兮宏斯令猷宏斯令猷

潛并錄詩存初續卷二

全州趙炳麟竺垣稿

柬沈冠南將軍（甲子時冠南派石殿材王竹齋來迎回桂賦此答之）

年來習靜厭談兵辜負將軍遣使迎壯不如人今老矣那堪更聽鼓鼙聲

從來戰勝在人和同室何堪再弄戈聞道故鄉凋敝甚望君愛惜舊山河（時陸武鳴將赴桂林勸沈讓之以保全地方）

柏樹墩邊是我家萬松臨水竹闌斜煩君為我除荊棘遊子歸來好種瓜

趙芷蓀丈以輓張定武詩見示誌感

我生所心折不共歲寒凋文趙武則張氣誼各岧岧張已棄我

去趙離千里遙去者永不見松楸閉寂寥離者何日逢白髮同飄蕭昨傳郵筒至伸紙得瓊瑤讀罷忽太息萬感觸思潮故人竟星散中原鳴暮蜩光陰如電駛河山猶水漂感念今昔情四顧中心焦

附趙芷蓀和韻一首

陽和布春令化工無枯凋靡靡庭前莎靑靑溪上苕故人天一涯夢寐未覺遙自從喪亂來存者日寥寥古人賦相思朵朵艾與蕭積懷忽一紓淸詞儷文瑤念彼捧土心莫塞滄海潮萬族以脰鳴喧聒如蟪蛁砥柱不可移一任衆呴漂良晤幸有期痛飲蠲煩焦

送弟星垣回桂

弟到并州日匆匆又半年北居眞潦草南望尙烽煙汝去當韜晦余今祇愛禪還鄉見耆舊爲告雪盈鬑

兄年逾五十弟亦四旬餘憶昔京湘聚眞同夢寐如青春殊頃刻白髮各蕭疏我亦將歸隱煩先掃敝廬

上巳與韜園諸君文瀛湖修禊

太原城高風勢寒二月猶見雪花團天公近日扇和氣羊裘始換爲夾單文瀛一勺水紋縐童子來釣白沙灘書生結習好摹古漢宮舊調今重彈西京雜記三月上巳張樂於流水爲春禊是禊始於漢王羲之蘭亭修禊依漢故事也繞湖一周當祓禊開襟解帶脫峨冠柏巖老人亦附尾臨流笑倚木闌干

迴思五十二寒暑上巳可紀銘心端甲午老父補廷試來京攜
我謁金鑾我家歷來本儒素父子囊槖殊艱難有伯方爲薊州
牧赴薊告貸馳吟鞍上巳率兒恣游覽旣訪名寺復山巒其寺
有號號獨樂其山有名名曰盤字懸太白所書額山上桃花萼
正丹少年風景一場夢每一追思心臆酸（甲午上巳侍循吏公遊薊州獨樂寺及盤山）戊戌
先皇憤倭寇思雪前恥復三韓納言大開懋勤殿變制救國
忘朝餐陸機入洛正年少萬言書上驚朝官新舊呶呶互攻擊
黨碑刻我名不刋良朋招我肆聊浪西山有景盍同看戒壇鐘
聲檀柘樹至今歷歷留心肝（戊戌上巳與關伯衡太史蘇端卿光祿陸少淵司勳遊西山余有詩記之）黃巾庚
子亂朝市短衣疋馬居長安劉寗相邀登雁塔排遣萬慮中心

歡紫荆一樹吐紅豔緒碑鎚罷墨瀰漫八仙庵內煑清茗歸途猶眺斜陽殘辛丑居西安與劉子和茂才甯翼雲工部上巳登雁塔余有文記之五十二年如頃刻上巳可紀惟三般故人話舊半爲鬼在者鬚髮亦斑斑柏巖近來嗜禪寂靜坐頗覺乾坤寬卻怪逸少稱曠達胡爲嗟悼作長歎太空非空淨未淨物我無盡非欺謾韜園主人今好古又尋舊事臨新湍鮑江兩叟特矍鑠八十健步來盤桓鮑冬甫江叔海張君劉瘤未合口風前歌笑力不殫張曉琴賈擅詩才郭擅史賈煜如郭允叔羣賢濟濟人中鸞陳芷莊郭伯銘馮振邦曾銓初王菊初陳柱丞楊慶韶王式如蕭子靈李伯仁于梓材熊寄塍馬笠伯是日皆到感茲高會識彌日爲洗禿筆干詩壇長髯喪妻道人病盍簪可惜不全完道人善畫畫無敵終當補圖彌此憾人生聚散皆電激展圖萬古猶星

攢常子襄因新喪妻趙意空病頭風皆未到意空善畫余望其爲圖以彌補之庶此會此圖皆可垂久 他年上巳數陳迹此會當作蘭亭觀

柬劉仲良前輩汝驥并序

仲良前輩在光緒末官御史抗直敢言爲權貴所忌戊申簡安徽徽州知府出京一別忽忽十七年今歲正月驎在京養病其長公子爲公府秘書來寓謁談始知仲良近年居天津昨有詩題描著柏巖集讀之百感交集賦此答之

壯歲曾交南北劉仲良出京時余贈別詩有句云余喜得兩友南劉與北劉南劉謂幼雲北劉謂仲良 高風亮節足千秋徙薪冀救炎岡火撮土思塡濁海流昔日光陰隨逝水今朝

身世等浮漚江胡已死昌山隱萬事眞成大壑舟江杏村胡漱唐皆去世仲良猶函問昌山趙芷蓀隱居避亂地

十七年來別故都知君早見白髭鬚相看我輩蒼皇老彌覺人生夢影如搗麝成灰香尚在將珠彈雀價先輸君家子女皆文學他日當能述父書仲良長公子及女公子皆長於文事

附劉仲良和趙芷蓀題柏巖集原韻

太阿作作吐寒芒讀未終篇痛可忘已見銅駝陷荆棘尚留鐵匣耐冰霜亭林垂老詩幽咽庾信離鄉道阻長欲訴帝閽無覓處逋臣心事正倉皇

再疊韻

中原一髮繫蚊芒，哀哀諸公已健忘。半笏皂囊常捧日，兩朝寶鑑尚飛霜。公輯光緒大事鑑、宣統大事鑑，最精确。文章並世無同父，歌歗何人似季長。寂寞冬青存老幹，肯將哀怨訴東皇。

韜園詩社第六集喜張衡玉先生至分韻得迹字

我昔與誰園，同作京華客。樂志在圖書，礪節期松柏。議壇絕囂訟，束身方白璧。世屯久不康，橫流日愈迫。吏隱我隨流，山居君晦迹。盤桓古趙城，築此五畝宅。有時得旨酒，呼朋展吟席。醉後晝老梅，蚪枝撐八尺。興來握毛錐，題句不拘格。豈徒意氣橫，此心獨清白。今作太原遊，對語情脈脈。韜園多勝流，迎君皆倒舃。世路雖嶮巇，心香不阻阨。願君醉莫醒，坐觀天地革。

擬白樂天新樂府

余喜讀白樂天新樂府託事諷諭言之者無罪聞之者足以警有春秋之義焉珥筆擬之惜才絀詞蹇愧不倫也

狂風吟 傷世變也

狂風起兮塵四飛淸泉渾亂兮白日迷白日迷兮不見天神州泱漭兮四顧茫然四顧心怦怦但聞獰鬼呌兮野狐鳴又聞滄海嘯兮潮汐生蝦夷跳躍兮紅毛橫豬之年兮鼠之月砰然一聲天地沒昔聞吹垢見太平此何爲兮百怪發百怪競發君莫奇君不見風后無人兮黃帝殁

純陽宮蜂 傷無主乃亂也

初來純陽宮蜂房見三戶晨向房前飛暮向花前舞晨飛暮舞果何爲朝天採食防終寠去年蜂猶剩一箱今年箱閉皆塵土遊人好事問老僧此蜂今日移何處僧言幷州天氣寒嚴冬累月無花取蜂雖小物卻有王居中餓死蜂無主蜂無主各流離生死存亡未可知吁嗟小物猶如此人類無主將安支

佗城高 傷政本也

佗城高佗城高環山隔海堅且牢漢文皇帝一紙詔壯士棄甲歸薰陶君不見郡尉得任囂嶺表鑄兵刀大夏拜兵曹羊城迎節旄一官感化且如此何況總攬全國稱權豪自來政本苟能

立何患靈洲之水獨滔滔吁嗟兮中原皆蓬蒿毋怪佗城高

時世妝 傷女德衰也

時世妝時世妝天魔對對迎風翔雲鬟齊翦步搖去蠻鞾高聳提絲囊闊袖呈身不掩肘圓鏡架鼻却遮眶朝隨歡子秦壇去暮逐情郎歌榭旁我聞衣服貴章體女德貞靜尤不刊君不見元和婦人好椎髻香山警變心焉傷

天壇吟 悲失禮也

誰謂白日明眩之不須一丈霓誰謂渭水清混之不須一斗泥天壇昔日薦元祀升中攝袂邀神釐冕旒天子稽首拜爾王爾侯列東西糾儀御史當中立班末隨祀寄與緹自明以來數百

載圜丘典禮掛勾稽昔爲類帝場今爲蕩子棲古樹盤根坐游女野花覆檻鳴莎雞天壇吟心悽悽

白狼山 悲忘本也

白山狼白山狼磨牙礪爪人驚惶汝狼生貙貙生羆汝齒獨銳力獨强鼓唇吞白兎伸足掠黃麞具此齒與力何不作鷹揚汝本烏桓舊家僕僕忘其主何郞當狼兮狼兮汝勿忘請君試觀黑水旁赤軍指顧過鴨江

南嶽煙 悲小人得志君子湮沒也

昔有人兮乃在洞庭之湖濱三湘七澤間蔚起多天民山川間氣偶一歇鸞凰鎩羽鴆高騰君不見晦翁講學堂蔑棄生青草

茂叔愛蓮池蕪穢盈濁潦蔣琬不存吏治亡張鎧已死流風掃
剩有昌山舊諫官澗阿避世婆娑老

淮海潮 刺騷亂也

淮濱多名山山中人篤質抱朴僊翁勾漏砂伏波老將憑祥室
深山今日生龍蛇往往吐氣遮白日君不見孫恩近海毒於虺
儂蠻據險兵若蝨何時再得姚江王拯此蒸黎見清謐

昆明灰 刺强藩也

君不見蓮華山上月溶溶吳王妃子留嬌容當年廣招豪俠客
長歌舞劍方堯封蓄異志一勺昆明波浪恣掃穴雖傷內府財
犂庭終屬中原地今朝又見刼灰飛涴食鄰疆牸馬肥自古夜

郞徒自大漢兵指日獻俘歸

劍門險 刺蜀禍也

君不見孟氏入劍門侈口笑劉禪英雄恃險阻一據三十年夾馬孩兒點兵至美人爲妾宮爲田十四萬人齊解甲河山慘淡生靑煙母欲歸家歸不得玉津園外聞啼鵑何如錢王保民命西湖廟貌今巍然寄語劍門人固字民爲先險阻如可恃盍觀王濬之樓船

雪峯寒 刺閩亂也

雪峯山高四十里上有積雪下流水高蓋崎嶇生晝寒、層巒突兀藏封豕藏封豕害民生一峯崛起一峰爭雷霆震岩四山裂

天寶石墮羣峯傾羣峰之傾理當然吁嗟民生殊可憐安得施
黃再出綏此邊

尼布楚刺外交也

尼布楚水洋洋百年流澤深且長河邊有碑高一丈贔屭竦負
雙龍蟠中國盛時修百政喜功好大逢俄皇俄皇黷武冀拓土
悍然興師侵我疆我　皇赫然奮神武豈任獨洛來猖狂出兵
大戰雅克薩驅此戎狄如羣羊內定蒙古外青海信誓旦旦昭
約章鐫功刻石告萬世至今國史留輝光立碑以來三百載神
州鼎沸悲蜩螗蠕蠕種族更淩亂冠履顚倒無人綱良民餓死
莠民逞當車振臂如螳螂如螳螂徒自侮華人畏彼眞何苦愼

哉毋失先人土

舌尙存 誅政客也

舌尙存心早沒舌如密心如蠍北走燕南走越長舌一掉南北爭閭閻倏忽堆白骨閭閻白骨何足憐長舌舐盡閭閻錢北有一隻虎請君作守府南有獨眼龍許君爲亞峰談天炙轂言鑿鑿長舌祗顧盈欲壑何時再出米脂刀刀刀盡把長舌割

驢鳴 誅文妖也

驢鳴驢鳴何莘莘文妖豎幟矜奇新可憐太學芝蘭種隨風化爲荆與榛君不見飛卿湖陰句讀亂于湖作曲存其眞又不見八代文章體漸淆昌黎奮起復清純何況旣無句讀又無體立

言制行乖人倫願借始皇坑一萬坑驢盡作刼灰塵

華夫人誅淫賊也

華夫人西施侶汝本江南世家女態度婷婷腰楚楚有郎識字亦得所胡爲挾筆珠江渚將軍妒郎偏愛汝妒郎愛汝竟如何將軍毒比蛇蠍多酖郎奪汝千天和汝曷不學費貞娥

金谷花戒驕侈也或曰滔滔者天下皆是戒於甲而縱於乙不挂一漏萬乎柏巖曰道喪久矣滔滔者離道太遠余不屑戒其近道者余望其移風易俗他日或可撥亂反正戒之正以望之也

金谷園中花正開八千賓客稱觴來材官帶刀浮白斗快馬嚼鐵銜黃埃我聞豪右易銷歇何如淡泊稱良才君不見王濟編錢置馬埒金溝至今安在哉又不見東都貴戚爭列第轉瞬竹

樹成殘灰見李格非洛陽名園記後　自來寰海無淸鏡巢覆那有完雛胎金谷花花可哀

法曲思正樂也

法曲法曲法曲鳴金石鐘鼓和諧德鬱積廟堂奏之神祇格法曲法曲鞭先提笙磬同音洽九黎明堂奏之百政齊法曲法曲俎豆莘香煙繚繞冠履陳學堂奏之風氣純自從法曲雜軍樂莫辨宮商和徵角安得師曠正雅音放鄭求元覺後覺

棉場行思民利也

君不見孟子當時講王政五畝之宅樹以桑中原棉業如推廣其利較桑尤恢張丁巳十月我來晉晉南獨有植棉場公家提

倡方數載三晉棉業皆煌煌昔種麥粱利二石改棉利多三倍强民間恃此足衣食三晉富庶無流亡乃知王政民爲本民衣民食其毋忘

河汾行思王道也

合久必分分久合中原古史堪稽索君不見六朝割據隋奢淫民苦倒懸誰拯藥有人挾策遊長安太極殿上嘗叩環叩環不聽西歸去河汾講學清風閒清風閒兮化雨施薛李房杜咸稱師一一受王佐遇時會貞觀日月復光熙河汾之行觸我思我思王道非神奇

孔林行思聖學也

孔林之樹長青青大道炳燿如明星上述堯舜憲文武下開萬
世垂六經、合之者吉背者凶秦漢以來無逕庭君不見晉末清
談蔑禮義六季遞嬗罷兵刑唐末輕儒滅紀綱五代繼續民零
丁大清　聖祖起沖幼武功文治特芳馨表章孔言見王道文
光日月兮武比雷霆孔林孔林猶有靈吾族既醉合當醒

潛并錄詩存初續卷三

全州趙炳麟竺垣稿

題野史亭 并序　分韻得百字

元遺山先生慟金室之銷亡隱秀容而韜晦純和殿裏淒淒杜宇之魂雪香亭前滴滴銅人之淚純和殿雪香亭皆見金史地理志國也如此家復何爲惟一代之典章賴隻身而紀載苟椽筆之早絕恐信史之無存乃修野史之亭廣蒐勝朝之事統兵宮內存硬軍細軍之名立馬臨江紀南峯北峯之勝使海陵之舊夢借典册以新傳雖酒賜金瀾麾戈莫返虞淵之日而章傳玉秘珥筆猶留故國之風此固與王明清之前錄以俱傳丁特起之拾遺而並顯者

矣嗟乎 僕本恨人運逢季世還巢問主舊壘都非上山採蘼故人安在適陳君芷莊以其鄉元遺山先生野史亭荒廢墓址塵霾捐貲重修之長林豐草尋六百年故蹟以招魂斷碣殘碑願千萬世馨香而勿替 僕樂從之幷以是爲詩社同人題詠焉時甲子四月十一日也

人生天地間積年難滿百悠悠百年中治亂常更易賴有人中豪無虛軀七尺投簪寄名山載筆搜遺迹上下數千年莫由匿黑白尼父得寶書筆削有淸格史公下蠶室編纂無遺策通鑑及綱目皆由閒居積古來良史家孰非吾儒責秀容元先生拓跋之遺脈幼年負奇才神童名赫赫壯掇歲魏科郞曹曾執戟

仕金爲左司博聞稱鴻碩元兵砂漠來金鼎倉卒革將軍化作塵文士鍛其翮興亡轉瞬間勝敗一局奕歸到讀書峯築此幽人宅既近程侯山在忻州更鄰居士室在定襄縣伸紙紀所聞執簡書在昔興廢盡蒐臚梁棟皆充斥暇餘作詩歌舊事堪稽覈輶車來採訪訂作金門册亭圮後人修書存史官擇始知山中人垂後有鄴澤遺山先生所著壬辰雜編悉收入金史傷哉墓碑文素心託介石先生墓碑書詩人元遺山之墓至明吳梅村仿之至今五花墳先生墳地名五花墳古木拱阡陌

賈煜如以感懷述事詩十六首見示至今逾半年矣疊加面催拉雜賦此以和煜如並以思我父母師友得絕句四十六首未能步原韻也

賈生政論在青年治魯尤聞吏績傳晚歲爲詩多感舊瓊瑤惠我興悠然

我生心跡總浮浮水月曇花頃刻收五十年來成泡影般般事業怕回頭

嚴親爲我講經初風雨瀟湘一草廬喬木易傾兒易老年來怕讀過庭書

記得秋宵泛洞庭爲看白髮冒風行此生第一傷心事綴至南洲十日程

當年母氏最艱辛翦髮延賓束布裙今日墓田雲漠漠登高愁望石窠墳

折角朱雲正少年妄鳴孤掌冀回天可憐百日維新夢頓見君王化蜀鵑

文恭祠裏辦公歸（余督辦廣西路墾時以陳文恭祠爲辦公處）督路督農願總違一疏籌金三百萬可憐徒使武人肥

石人隻眼動黃河詔讀興元涕淚沱一事無成空刓印投艱貞愧疊山多

平臺重謁日黃昏三海波濤冷不溫引虎出山龍失水妖星閃閃太和門

赤紙傳來王氣銷倒戈不見血流漂傷心海上三間屋掩淚窗前聽斗刁（以上述在前清事）

心香一瓣憶師門論道常思北學尊寶相祠堂垂淚別夜臺應慘杜鵑魂

師弟同時入邇英講章一出震燕京唐書千卷今殘闕皓首侯芭淚欲傾

父子崇朝託國殤亂來龍種亦堪傷子山豈作南冠客一賦哀時泣讓王

桂宮舉我漫登攀講禮猶懷疊綵山此日幷門望巴蜀問琴閣外水潺潺以上述師

彈冠結友憶京華每愛潛樓意氣遐劉廷琛別號潛樓今日太原談故事此公奏草有人誇

待漏鳴珂夜每同聯名一疏震寰中明詩紀事琳琅在故實鉤求製獨鴻

起居無注問瀛臺我與梅陽詞最哀宿草三年君去矣餘英猶向莆田開

疊書勸我作遺民一老猶存刼後身想見湘潭歌泣處聲聲喚起未來春

三速彈章觸九侯退歸問影有遺樓新昌馬鬣高三尺野史猶存待訪求

每憶西山聽晚鐘樽前矗立玉芙蓉江山破碎朋儕散短命尤傷陸士龍以上述前清友

登臺一擊震羣雄孔教猶存憲法中四載晉陽同晦迹五臺遊後別匆匆

卅載交遊兩代親晉陽七載作師賓文瀛湖上三更坐腹笥便便笑語眞

漫比申詳事繆公安身八載不搖風有人在側能留客願祝陽春普大同

八十猶能獨步行珠江洛浦有嘉名只作賓朋不作吏晚年我亦愧先生以上述民國友

避秦無計學耕田烏牸牽來柏樹邊三徑就荒禾幾熟北山笑我雪盈顛

最好清閒桂嶺居奇峯對戶水環廬小窗燈火明如晝坐補京朝未竟書

家近深山長蕨芽階心幾樹蠟梅花老妻偕隱娛山景丈五樓頭掛苦瓜

獅子巖前萬樹桃桃開來客飲純醪諸兒長大嘉賓老回首空山一怛忉

稻花收後桒花香最喜村村歲事忙一自桂林烽火後秋風苜蓿滿農場

記得榕門戰騎肥實融馳檄馬如飛書生大計終難用痛說今年兩月圍

五月銜書赴建康將軍密室訴衷腸如何事起偏埋首馮狗眞
同夢一場

忽傳大帥涖天津挾策相干作面陳劍術未精偏一挫愁聞墓
上草如茵

一串夷齊海上來如何古調奏新臺劉賁下筆珠流似徒使將
軍沒草萊

虎嘯龍潛又一時聲聲炮火擊京師邊藩喪盡同袍裂北海重
飄五色旗

亂世功名盡帶刀坐看籠下起羣豪屈平縱有惓惓意只合幽
思作楚騷

故山烽火太延緜蝸角相爭斷復聯大好家鄉歸不得客中詞賦老蘇仙以上述在民國事

吏隱幷門萬事慵著書閒暇課桑農漫將遁迹方梅福愧未青衣作酒傭

晉中遺澤自唐虞樸厚相傳足慰吾判牘餘閒理吟草焚香靜對博山鑪

西湖曾作訪碑行一瞬三年百事更蒼狗白雲皆冷眼壺中日月自長明

買得蘧廬似小舟中藏信史待搜求媳能琴瑟兒吹笛權作吾家市隱樓

憶昔東山種樹枝畫圖分井立豐碑於今榆柳皆成蔭七載年光一箭馳

兩畝曾開塵憩園園中新構紫藤軒主人別有清心處不畏長安車馬喧

故人招我住春明謂有名園足慰情無奈柏巖惆悵事天高月冷泣蓬瀛

卅載長安去復來春花五萬幾回開海紅瀟碧年年幻彌悟浮生萬事哀

淸涼寺外有荒山我欲山中築一間不與求仙與求佛冀將史稿自增删以上述在山西事

年來舊事怕重溫爲讀君詩觸夢魂且仿屏山吟七字權當襟上酒餘痕

蒲人 應用七陽韻

白石清泉裏求君置我旁一拳眞突兀九節許昌陽化劍誅獰鬼爲鞭警不祥孤衷誰鑒汝好者只文王

艾虎 應用十一眞韻

冰臺多俊傑 羣芳譜艾名冰臺 一嘯谷風新天子和棉採 遼史五月五日午時採艾和棉以奉天子 齊民徧戶陳恨無筋骨健未得爪牙伸鎭惡同王子家家奉若神

豆娘 應用十一尤韻

本是相思種佳人揷鬢頭蘭湯新浴馥葛服舊情幽長命絲同繫延年縷並求夜來橫枕畔猶與共綢繆

竹水應用五微韻

人生貴修養求藥已全非破節泉終濁呑丸身豈肥取蟾同陋俗烹鶩等遺譏怎似猗猗美瞻淇興不違

羅韻珊得張奉新章持贈誌感

落落貞珉質漂流到晉門摩挲增一慟如見故人魂

韜園詩社以銷夏雜咏爲題余夏間可紀者四事曰潛廬聚處曰卄室吟詩曰文湖夜坐曰城東賞花爲四七律咏之

人生樂趣在沉潛一靜何愁夏日炎命媳鼓琴水雲現呼兒剖橘蜜飴甜妻能煮蕨添山味妾自煎茶解熱痁環顧四方烽火急幸餘斗室隱蘇髯潛廬聚處

廿人遁跡似逃禪滿篋收藏錦繡箋點石成金原影幻將詩作佛有心傳種松蔽日留龍子啟戶招涼引蝶仙拍案高吟心賞句隔牆驚笑幾靑年余辦公室與第一中學只隔一窗廿室吟詩

出門一勺是文瀛飯後呼朋傍晚行葦葉戰風聲瑟瑟柳條遮雨響丁丁遊人去候囂塵息暑熱銷時夜氣淸得地何妨跏膝坐譙樓鼓點聽三更文湖夜坐

太原花事在東城撮土爲園植衆英茂叔久欽蓮子潔少陵不

咏海棠情鶯飛燕舞晨光透蛤吠蛙鳴夏景幷我倚闌干堪一噱花前不合白髭生東城賞花

甲子六月二十六日與羅荇樵出早西門行汾隄遊河神廟及牧羊場

結伴尋涼出早西千行樹影與城齊荒煙蔓草河神廟落日垂楊汾水隄野叟網魚依曲港園丁植菜近清溪初平去後羊羣散只見藩牆不見羝牧羊場技師美人同國種羊皆分至各縣

芷蓀侍御來函言今年多病賦此慰之

亂來何處着蓬廬夢繞湘潭翠靄居戶外靑山雖澹遠愁中白髮定蕭疏孤踪久已成雲鶴倦眼猶能辨魯魚立論早欽關大

計堂君珍重舊時書
鵑聲如泣憶天津萬事成灰剩此身只見冬青生故壟那能白水有眞人蓮華愈潔心彌苦橘叟猶存世幾新靜坐且然香一炷且忘物我且凝神
瓜爾佳九忠四節三孝圖題後爲金太史梁
王氣思長白貞心照汗靑遺勳書國史正誼聚家庭瀝血燐成碧埋身骨有靈至今無限恨彈淚歎零丁
舊波懷鴨綠新恨泣冬靑只有乾坤氣長依節孝庭黃河偏易動赤伏恐無靈我亦　先朝史心傷華表丁
傅公祠題寶賢堂刻石

明祖龍興重武功雕文刻字付脫略從龍多自田間來相臣起家亦寂寞軍符祇訪劉青田將士徐常兼李郭天生明良定世屯一藝何心費籌度當時只有泉州常鉤文刻石神躍躍(洪武間泉州太守常性以閣帖祖本刻之爲泉州帖) 太守才多俸則微那能淳熙比闊綽鼎定王孫多好文上搜秦漢窮河洛有人韞藉在周藩東書堂成增祕閣(東書堂帖係祕閣帖增以宋元人書成之) 高帝五世至靖王遂裒羣帖稱淵博鸞翔鳳翥會衆仙蟲文鳥篆參碧落精鉤多師駙馬潘晉陽絳郡美相掠(宋駙馬潘師旦刻絳帖晉王受爵時賜絳帖一因鉤絳帖付石成寶賢堂) 勒石豈徒發藻思槌黃兼爲天家拓錦匣裝呈皇燕喜案頭留此供宸樂太平文事本美才亂來髣髴珠彈雀穆宗以後多童昏可憐龍種皆文弱小人鴟張君子盡

民生疾苦無人藥饑民饑兵滿地來殺人割肉爭一嚼米脂烽火尤猖狂妖星一出人驚驅長安既陷甯武破孫周殉難歸冥漠天狼直往太原來屠城碧血盈溝壑兵燹騰揚萬事灰韓陵片石何人索荒砂半蝕舊時痕野火復將殘碣灼亂平書生理舊聞補碑置在緇塵廓（寶賢堂闕石皆康熙十九年戴夢熊所補）三百年來一局棋棋殘又見中心惡煋如先生惜古心建屋遷碑防剝削（新修傅公祠成煋如以寶賢堂石安置迴欄中）柏巖摩挲殊慨然世事興衰春夢若自來滄海不迴瀾斯文敍敬何方著君不見開陽門前三體經麥田掘出文雜錯又不見北京海子三希堂當年亦費神工鑿至今蒼茫煙水邊湖波襯照蛛絲縛只有西園舊侍臣對茲深感歸來鶴

秋興

又是秋來草木焦汾隄冷落柳千條四山積礫迎靑女雙塔寒雲鎖絳霄張翰蒓鱸眞有味鮑昭絡緯太無聊我生不獻王襃賦郤喜臨風聽洞簫

東南突見金風起西北尤聞鐵勒驕大地河山眞泡影中原民物付涼颸流民路塞人人悴王會圖荒葉葉凋節屆傴僂多難集神州一望淚橫飄

金鰲玉蝀走飛輿絕勝當年薄笨車靑草牧殘南苑馬白宮網盡北池魚西成枉頌神堯毯東幸難翻穆滿書故履元瓊今尚在恨無靑鳥當黔驢

朱門猶點九微燈不見香車寶馬騰十丈塵砂闉圾海萬條樺燭等薪蒸霜浮輦道停朝馬日冷荒臺罷晾鷹玉印銷沈精衛去北山那有五雲升

濁浪滔天永定河魚遊市上鳥移窠波洪【洪波】浩浩懷山痛鉅野洋洋瓠子歌造物不仁芻狗衆民生如爨豨魴多兩銜縱可讚林竹美玉沉淪奈若何

聒耳池塘處處蛙紘綱天布亂如麻吠堯吠日一羣犬爲雨爲雲滿地蛇誰識衆心厭瞪盼可憐四海竟無家貪婪求索渾然事欲仿靈均一歎嗟

燃箕煑豆終無益止沸揚湯徒擾民西笑何人平李特南橫乏

計靖盧循帶刀賜爵羊頭貴求印翻成(城)狗尾新甲子一週天運
改會聽衍律又回春
一入雲山淨萬緣夜來時復夢朝天故人寥落秋聲裏世事迷
離暮鼓前不使姚平終笑我每逢趙壹且談禪山河破碎朝冠
裂休話貞元舊歲年
漫學林宗折角巾秋來九月曉涼新故山烽火紅羊刼宦迹清
閒白鶴身避地幸依今甫里承恩猶憶舊平津姓名偏列百官
表愧使田橫客笑人
避囂八載近文湖俗儉眞堪著腐儒室有頌聲賡小雅野無篝
火免鳴狐黃埃赤日漫多事蒼狗白雲何與吾寒暑循環天意

在何須六一重嗟吁

答湖南朱師晦 還

客居寂寞逢朱子話昔評今各惘然薄宦保身成漫叟三陽失位惱伊川江山有淚悲戎馬故舊傷心説杜鵑譙秀終當投老去安車慚費李家錢

題郭汾陽單騎見回紇圖爲郭伯銘同社

當年晉水神龍起一洗虺霾見太平武德相傳六七作又驚烽火滿都城將星崛起華山左驅逐羣醜收神京寄生成功本僥倖尹起莘謂肅宗爲寄生舉朝共賴朔方兵宣政殿前宴葉護回紇雪恥原

同盟大寧郡王尤舊僕馬前奔走無猜情誰教魚程忌勛績郭公解帥投閒清懷恩訟冤生反側吐蕃突起狼煙橫河西隴右都護府萬里從此多欃槍便橋賊破長安破陝州出幸心惶驚幸餘一老在關內卅騎直往宿川行京城雖收邊境亂可憐四野皆榛荊吐蕃回紇共入寇奉天城下列蕃營牙將光瓚善辭說聯回一語羣心傾花門聲面請相見何勞天子親爲征涇陽城開數騎出令公來矣眞耆英釋甲免胄身矍鑠羣首羅拜歡然迎從此合兵共平賊執俘獻馘浮瑤觥史氏相垂誌光燄圖形列册傳殊榮公從何處得此本人物躍躍皆如生宋歟元歟作此圖願君什襲同瑤瓊

漫興 并序 辛酉十月尹澹雲來余家爲侍姬時年十四余爲養花詞以誌甲子十月余遣嫁之爲漫興二首

籐墅簷邊棗樹垂三年春夢太迷離於今學得空王法莫待風魔別柳枝

我讀新詩擁髻詩小也也鶯小解學嬌吟春來春去渾然事豈待相如漫鼓琴

附賈煜如和詩

不作鴛鴦不羨仙老來心事欲逃禪無端桃葉迎江渚又見楊枝別樂天藥石贈言情似海姬臨別對竺垣頗進忠言秋衾聽雨夜如年驚鴻照影尋常事橋下春波漫惘然

附鮑冬父和詩

抛得清揚意灑然色空悟徹欲逃禪香山七十楊枝去歲月君
猶欠廿年
塵念都從靜裏刪愛河不涉亦安閒主人豈是多歸思倏爾開
籠放白鷴
擲筆詩成感不勝蕭然興味對靑燈祇今月夕花晨候說到忘
情恐未能

附羅韻珊和詩

窗前閒種小桃枝幾載東風好護持今日絳雲飄落去任他逐
水到天涯
浮雲流去本無蹤花落花開一夢中畢竟香山情獨重笙歌惆

悵妓房空

甲子九月九日韜園主人邀集太原純陽宮登高主人組織詩社自去年重九登高始至今蓋一年矣

又見禪宮木葉黃一年詩事漫平章巢虹閣下尋碑蹟水鏡樓前釋瓦當白髮屢添星鬢老紅塵時歎羽書忙蘇髯雲表常飛屐且破雙螯菊酒香

靜坐偶吟

禪門冀禁無明欲棄蓋訶心費道功我視愛河波最惡此緣滅盡萬緣空

欲滅波旬入四禪每橫墨筆對蒼天靜中一一思前事誤我工

夫五十年、

五分香裏悟眞如勝讀牟尼千卷書障礙掃除觀五覺始知我性本清虛

漫調龍虎理陰陽不慮不思見子丹天地有根尋得後萬珠灼灼照明堂

觸柱吟

巍巍柱朱漆濃釁牙高啄盤金龍老婦十五卽進宮上皇一笑親授封六十年來水漂絮海枯石爛聞秋蛩太極殿上來臭螘身旁梭尉獰於鬼千聲萬聲呼上車昔日龍頭今狗尾顧頭觸柱死亦香碧血涔涔當染扆君不見十三陵上莊烈墳墳邊后妃千

古題

斷指吟

儂年十七時選荷椒房寵能爲琴與詩一曲驚泉涌兩載坐廢宮同閉黃雲隴生長帝王家荆棘悲龍種吁嗟兮皇天何不弔中華京師一旦風霾壅殿上忽來虎與狼池魚竟被刼灰攤可憐弱女竟何爲纖纖一咬血濤洶豈痛艱屯集此身九州戰骨堆高冢流血被髮臥車前此身誓死復誰恐吁嗟兮十九女郞志若斯當令七尺男兒悚